Curso básico de protección de datos. CTRG0012

José Luis Sánchez Jiménez

ic editorial

Curso básico de protección de datos. CTRG0012
© José Luis Sánchez Jiménez

1ª Edición

© IC Editorial, 2025

Editado por: IC Editorial
c/ Cueva de Viera, 2, Local 3
Centro Negocios CADI
29200 Antequera (Málaga)
Teléfono: 952 70 60 04
Fax: 952 84 55 03
Correo electrónico: iceditorial@iceditorial.com
Internet: www.iceditorial.com

ISBN: 978-84-1184-990-6
Depósito Legal: MA 1178-2025

Impresión: PODiPrint
Impreso en Andalucía – España

Nota de la editorial: IC Editorial pertenece a Innovación y Cualificación S. L.

Índice

OBJETIVOS GENERALES

Los objetivos generales del **CTRG0012. Curso básico de protección de datos,** son los siguientes:

➲ Conocer los principales aspectos recogidos en la Ley de Protección de Datos y garantía de los derechos digitales (LOPDGDD) para buscar un equilibrio entre la intimidad de las personas y el desempeño del negocio empresarial para el que es necesario la recogida de datos.

➲ Analizar cómo la normativa de protección de datos afecta a las pymes y a los autónomos.

➲ Valorar la importancia de la protección de datos personales en el contexto de los autónomos y pequeños empresarios.

➲ Analizar los derechos de las personas en el tratamiento de sus datos personales, incluyendo los derechos digitales y las sanciones aplicables en caso de incumplimiento.

➲ Identificar los riesgos asociados al tratamiento de datos personales a través de un análisis exhaustivo.

Conocimiento del marco normativo aplicable a las pymes

Contenido

Objetivos

El objetivo general de esta Unidad de Aprendizaje es:

→ Analizar cómo la normativa de protección de datos afecta a las pymes y a los autónomos.

Los objetivos específicos de esta Unidad de Aprendizaje son:

→ Examinar la normativa vigente en materia de protección de datos (RGPD y LOPDGDD).

→ Conocer la correcta gestión y documentación del tratamiento de datos personales en pymes y autónomos.

→ Elaborar una evaluación de impacto sobre la protección de datos en un caso real.

1. Introducción

El mundo de las pequeñas y medianas empresas (pymes) enfrenta una serie de desafíos únicos que requieren una atención especial. Las pymes son el corazón de la economía en cualquier nación, y proporcionan una base sólida para el crecimiento económico, la generación de empleo y la innovación. Sin embargo, para prosperar en el entorno empresarial actual, es imprescindible que estas empresas comprendan y naveguen el complejo panorama normativo que las afecta, especialmente en lo que respecta a la protección de datos.

El marco normativo que regula las actividades de las pymes no solo busca ordenar su operación, sino que también establece las pautas necesarias para garantizar que estas empresas protejan la información que manejan y respeten los derechos de privacidad de sus clientes, empleados y otros socios clave. En un mundo cada vez más digitalizado, la protección de datos personales se ha convertido en una preocupación central y un aspecto esencial de la responsabilidad empresarial. Aquellas empresas que no comprendan o no cumplan con estas normativas pueden enfrentar consecuencias legales, financieras y reputacionales severas.

Este marco normativo es tan amplio que incluso los autónomos, quienes operan a menor escala que las pymes, deben estar igualmente informados y preparados para implementar medidas adecuadas de protección de datos. Aunque los autónomos no manejan el mismo volumen de datos que una pyme, siguen estando obligados a cumplir con las normas que protegen la privacidad de la información personal que recopilan y procesan en sus actividades diarias. Este conocimiento no solo los protege de posibles sanciones, sino que también otorga un valor añadido a sus servicios, destacándolos como profesionales íntegros y confiables.

Entender cómo el marco normativo afecta a las pymes y a los autónomos no solo capacita a los empresarios para evitar problemas legales, sino que también les da una ventaja competitiva al demostrar compromiso con la privacidad y seguridad de los datos de sus clientes. Cumplir con estas regulaciones puede ser un factor diferenciador que aporte a un *marketing* más ético y a una clientela más leal.

Para introducirnos en el marco normativo que afecta a las pymes y a los autónomos nos centraremos en Valeria, una joven emprendedora que ha iniciado su negocio de venta de artículos en 3D a través de una tienda en línea.

2. Ley Orgánica 3/2018 y RGPD 2016/679

 **HILO CONDUCTOR**

En su web, Valeria recopila información de sus clientes. Al comenzar su negocio, Valeria no tenía conocimiento sobre las normativas de protección de datos y desconocía que debía implementar ciertas medidas para cumplir con la ley. Sin embargo, tras la recomendación de un familiar, decide investigar sobre la normativa aplicable.

La protección de datos personales es un aspecto clave en cualquier actividad empresarial, especialmente en un entorno digitalizado donde el tratamiento de información es constante. Para garantizar la seguridad y privacidad de los ciudadanos, la Unión Europea y España han desarrollado un marco normativo sólido que regula el tratamiento de datos personales. Se trata del **Reglamento General de Protección de Datos (RGPD) 2016/679** y de la **Ley Orgánica 3/2018, de Protección de Datos Personales y Garantía de los Derechos Digitales (LOPDGDD).**

2.1. Reglamento General de Protección de Datos (RGPD) 2016/679

El Reglamento General de Protección de Datos (RGPD) 2016/679, aprobado por el Parlamento Europeo y en vigor desde el 17 de mayo de 2016, aunque fue aplicable desde el 25 de mayo de 2018, establece las normas de protección de datos aplicables en todos los Estados miembros de la Unión Europea. El RGPD se aplica a cualquier entidad (empresas, autónomos, organizaciones públicas o privadas) que trate datos personales dentro de la Unión Europea o de ciudadanos europeos, incluso si la empresa tiene su sede fuera de la UE.

👁 **EJEMPLO**

Si una empresa en EE. UU. vende productos a clientes europeos y procesa sus datos personales (nombre, dirección, *e-mail),* debe cumplir con el RGPD.

El RGPD se estructura en ciento setenta y tres consideraciones y noventa y nueve artículos, que se dividen en los siguientes:

- **Capítulo I. Disposiciones generales:** este capítulo define el objeto y finalidad del RGPD. Su principal objetivo es proteger los derechos y libertades fundamentales de las personas físicas respecto al tratamiento de sus datos personales y garantizar la libre circulación de estos datos dentro de la UE. También se establecen el ámbito de aplicación (territorial y material) y las definiciones clave.
- **Capítulo II. Principios:** recoge los principios fundamentales que rigen el tratamiento de datos personales:

  - Licitud, lealtad y transparencia
  - Limitación de la finalidad
  - Minimización de datos
  - Exactitud
  - Limitación del plazo de conservación
  - Integridad y confidencialidad
  - Responsabilidad proactiva (obligación de demostrar cumplimiento)

- **Capítulo III. Derechos del interesado:** establece los derechos que tienen las personas sobre sus datos personales:

  - Derecho de acceso: conocer qué datos tienen sobre ellos.
  - Derecho de rectificación: corregir información incorrecta.
  - Derecho de supresión (derecho al olvido): eliminar datos bajo ciertas condiciones.
  - Derecho a la limitación del tratamiento: restringir el uso de sus datos.
  - Derecho a la portabilidad de los datos: transferirlos a otro proveedor.
  - Derecho de oposición: impedir el uso de sus datos en ciertos casos.
  - Derecho a no ser objeto de decisiones automatizadas, incluyendo la elaboración de perfiles.

- **Capítulo IV. Responsable y encargado del tratamiento:** detalla las obligaciones de quienes gestionan los datos:

  - El responsable del tratamiento (empresa u organización) debe garantizar el cumplimiento del RGPD.
  - El encargado del tratamiento (proveedor que trata datos en nombre de un responsable) debe cumplir con sus responsabilidades específicas.

- **Capítulo V. Transferencias de datos personales a terceros países u organizaciones internacionales:** regula la transferencia de datos fuera del Espacio Económico Europeo (EEE).

- **Capítulo VI. Autoridades de control independientes:** cada Estado miembro debe contar con una autoridad de control independiente. Estas autoridades:

  - Supervisan el cumplimiento del RGPD.
  - Investigan infracciones.
  - Imponen sanciones.
  - Colaboran con otras autoridades europeas en casos transfronterizos.

- **Capítulo VII. Cooperación y coherencia:** regula cómo las autoridades de protección de datos de los distintos países de la UE deben colaborar:

  - Se establece el mecanismo de coherencia para garantizar decisiones uniformes.
  - Se crea el Comité Europeo de Protección de Datos (CEPD), que coordina la aplicación del RGPD y resuelve conflictos entre autoridades nacionales.

- **Capítulo VIII. Recursos, responsabilidad y sanciones:** regula los mecanismos para que los ciudadanos puedan reclamar y obtener compensaciones en caso de vulneración de sus derechos. Incluye:

  - Derecho a presentar reclamaciones ante una autoridad de control.
  - Derecho a un recurso judicial efectivo contra responsables, encargados y autoridades de control.
  - Derecho a indemnización en caso de daños por tratamiento ilícito de datos.
  - Multas y sanciones: se pueden imponer sanciones de hasta 20 millones de euros o el 4 % de la facturación anual mundial de la empresa infractora.

- **Capítulo IX. Disposiciones relativas a situaciones específicas de tratamiento:** este capítulo regula tratamientos especiales de datos, como:

  - Uso de datos personales en la libertad de expresión y prensa.
  - Acceso del público a documentos oficiales.
  - Uso de datos en el ámbito laboral.
  - Tratamiento con fines de archivo, investigación o estadística.
  - Normas específicas para iglesias y comunidades religiosas.

- **Capítulo X. Actos delegados y actos de ejecución:** este capítulo otorga facultades a la Comisión Europea para modificar aspectos técnicos del RGPD sin necesidad de cambiar la ley.

⮑ **Capítulo XI. Disposiciones finales:** incluye aspectos sobre la entrada en vigor, su relación con normativas previas y su aplicación a nivel nacional. Se establece que el RGPD es de aplicación directa en toda la UE desde el 25 de mayo de 2018, sin necesidad de transposición a las legislaciones nacionales.

 PARA SABER MÁS

Podrás consultar con más detalle el Reglamento General de Protección de Datos 2016/679 desde aquí.

https://redirectoronline.com/ctrg00120101

2.2. Ley Orgánica 3/2018, de Protección de Datos Personales y garantía de los derechos digitales (LOPDGDD)

A nivel nacional, España complementa y adapta este reglamento mediante la Ley Orgánica 3/2018, de Protección de Datos Personales y garantía de los derechos digitales (LOPDGDD), publicada el 5 de diciembre de 2018.

Esta ley no solo desarrolla el RGPD en el contexto español, sino que también introduce disposiciones específicas relacionadas con los derechos digitales, la videovigilancia, el uso de datos en el ámbito laboral y la protección de menores en entornos digitales.

La LOPDGDD se estructura de la siguiente manera:

⮑ **Diez títulos:** establece noventa y siete artículos divididos en:

　　○ **Título I:** define el objeto y ámbito de aplicación de la ley, adaptando el ordenamiento español al RGPD y garantizando los derechos digitales. Regula el tratamiento de datos de personas fallecidas y las exclusiones de aplicación.

- **Título II:** establece los principios de protección de datos, como la exactitud, la confidencialidad y el consentimiento. Regula tratamientos específicos, categorías especiales de datos y habilitaciones legales.
- **Título III:** garantiza la transparencia y el acceso a la información mediante la "información por capas". Regula los derechos de acceso, rectificación, supresión, limitación, portabilidad y oposición.
- **Título IV:** define el marco para ciertos tratamientos específicos, como videovigilancia, ficheros de morosos y sistemas de denuncias internas, regulando su licitud según el interés público o el interés legítimo del responsable.
- **Título V:** regula las obligaciones de responsables y encargados del tratamiento, la designación del delegado de protección de datos (DPO) y los códigos de conducta y certificación.
- **Título VI:** regula las transferencias internacionales de datos, estableciendo procedimientos y garantías conforme al RGPD.
- **Título VII:** estructura las autoridades de protección de datos, incluyendo la Agencia Española de Protección de Datos (AEPD) y las autoridades autonómicas, detallando sus funciones y competencias.
- **Título VIII:** regula el procedimiento sancionador por infracciones de protección de datos, incluyendo el alcance de las investigaciones y medidas cautelares.
- **Título IX:** define el régimen sancionador, clasificando infracciones en muy graves, graves y leves, además de establecer los plazos de prescripción y las sanciones aplicables.
- **Título X:** introduce los derechos digitales, como la neutralidad en internet, acceso universal, seguridad digital, derecho al olvido y nuevos derechos laborales sobre privacidad digital y desconexión.

- **Seis disposiciones transitorias:** regulan el estatuto de la AEPD, procedimientos en curso y el uso de datos para investigación en salud.
- **Veintidós disposiciones adicionales:** abordan medidas de seguridad en el sector público, la identificación de interesados en notificaciones administrativas y el tratamiento de datos de salud.
- **Una disposición derogatoria:** deja sin efecto la Ley Orgánica 15/1999 y el Real Decreto-ley 5/2018, aunque mantiene ciertos preceptos para tratamientos específicos.
- **Dieciséis disposiciones finales:** modifican diversas leyes, incluyendo la Ley de Enjuiciamiento Civil, la Ley de Transparencia, la Ley General de Sanidad, el Estatuto de los Trabajadores y el Estatuto Básico del Empleado Público, entre otras.

PARA SABER MÁS

Podrás consultar con más detalle la Ley Orgánica 3/2018 desde aquí.

https://redirectoronline.com/ctrg00120102

APLICACIÓN PRÁCTICA

Valeria está redactando la protección de datos de su empresa de impresión 3D. Quiere incluir un apartado de derecho de sus clientes, pero antes necesita informarse en la LOPDGDD. ¿Podrías ayudarla y decirle en qué título se ubican los derechos?

Solución

El título III regula los derechos de acceso, rectificación, supresión, limitación, portabilidad y oposición.

---

3. Cómo afecta a los autónomos y a las pymes

 HILO CONDUCTOR

Valeria ya se ha informado sobre la normativa de protección de datos aplicable a su negocio web. Sin embargo, como autónoma, aún tiene dudas sobre cómo

Continúa en página siguiente >>

<< Viene de página anterior

el RGPD y la LOPDGDD pueden afectar a su empresa, tanto en la actualidad como en el futuro, especialmente si su negocio sigue creciendo y comienza a manejar un mayor volumen de datos personales.

La protección de datos se ha convertido en uno de los pilares fundamentales del marco regulador empresarial, con repercusiones directas en autónomos y pequeñas y medianas empresas (pymes).

En el entorno empresarial actual, las pymes y los autónomos no solo enfrentan desafíos relacionados con sus actividades comerciales, sino que también deben navegar por un marco legal cada vez más complejo. Las regulaciones de protección de datos, como el RGPD o la LOPDGDD, obligan a las entidades a manejar los datos personales con un alto estándar de seguridad y respeto por la privacidad.

Tanto los autónomos como las pymes deben llevar un registro de las actividades de tratamiento de datos. Este documento debe estar formado por:

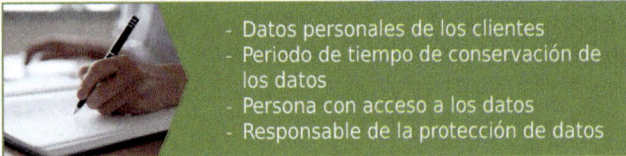

- Datos personales de los clientes
- Periodo de tiempo de conservación de los datos
- Persona con acceso a los datos
- Responsable de la protección de datos

Uno de los principios básicos de la protección de datos es el consentimiento explícito del interesado. Se exige eficiencia en la obtención y registro de este consentimiento, el cual debe ser informado, específico e inequívoco. Esto significa que los formularios y comunicaciones deben ser claros y concisos, evitando el uso de lenguaje ambiguo o confuso.

 **EJEMPLO**

Una pyme de *marketing* digital desea enviar correos promocionales. Necesitará asegurarse de que todos los destinatarios hayan dado su consentimiento

Continúa en página siguiente >>

<< Viene de página anterior

explícito para recibir comunicación de *marketing*, y deberá documentar cada uno de estos consentimientos.

Las pymes y los autónomos deben responder eficazmente a las solicitudes relacionadas con los derechos de los interesados, tales como:

Derecho de acceso	Derecho de rectificación	Derecho de cancelación
Limitación del tratamiento	Portabilidad de los datos	Oposición

Cuando el tratamiento pueda conllevar un alto riesgo para los derechos y libertades de las personas físicas, las pymes y los autónomos están obligados a realizar una **evaluación de impacto sobre la protección de datos (EIPD)**. Para garantizar la seguridad de los datos se puede implementar una seguridad desde un simple cifrado de información sensible hasta la elaboración de políticas de gestión de contraseñas o el uso de antivirus actualizados. Una EIPD incluirá:

Descripción del tratamiento de datos	Análisis de necesidad y proporcionalidad	Evaluación de riesgos	Mitigación de riesgos

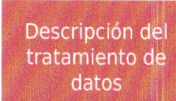 **EJEMPLO**

Una tienda *online* quiere implementar un *chatbot* con inteligencia artificial para atender a los clientes y registrar sus preguntas y datos de contacto. Se va a realizar una EIPD:

Continúa en página siguiente >>

<< Viene de página anterior

- **Descripción del tratamiento de datos**
  Recopilación de nombres, *e-mails* y preguntas de los clientes a través del *chatbot*.
- **Análisis de necesidad y proporcionalidad**
  El *chatbot* se implementa para mejorar la atención al cliente, automatizar respuestas frecuentes y optimizar tiempos de respuesta. Sin esta herramienta, la empresa dependería únicamente de la atención manual, lo que podría generar demoras y afectar la experiencia del usuario. El tratamiento de datos es adecuado porque:

  - Se recopilan solo los datos mínimos necesarios (nombre, *e-mail* y consultas).
  - Se protege la privacidad mediante cifrado y eliminación periódica de datos.
  - Se solicita consentimiento antes de almacenar la información.

- **Evaluación de riesgos**
  Almacenamiento de datos sin cifrado → Riesgo de filtración.
  Uso de datos sin consentimiento claro → Posible incumplimiento del RGPD.
- **Mitigación de riesgos**
  Cifrar los datos almacenados.
  Solicitar consentimiento antes de registrar la información.
  Eliminar los datos tras 6 meses de inactividad.

 TAREA 1

Para gestionar los pedidos, Valeria recopila datos personales como nombre, dirección, correo electrónico y número de teléfono, además de archivos digitales con los diseños a imprimir. Dado que algunos de estos archivos pueden contener información sensible o estar protegidos por derechos de autor, Valeria quiere asegurarse de que cumple con la normativa de protección de datos mediante una Evaluación de Impacto sobre la Protección de Datos. ¿Cómo lo haría?

---

4. Resumen

La protección de datos personales es un aspecto clave en cualquier actividad empresarial, especialmente en un entorno digitalizado donde el tratamiento de información es constante. Para garantizar la seguridad y privacidad de los ciudadanos, la Unión Europea y España han desarrollado un marco normativo sólido que regula el tratamiento de datos personales:

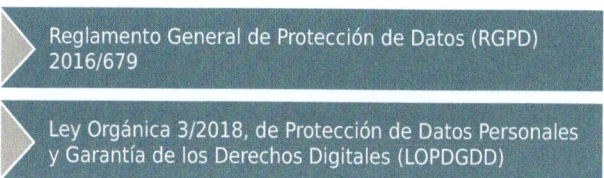

Reglamento General de Protección de Datos (RGPD) 2016/679

Ley Orgánica 3/2018, de Protección de Datos Personales y Garantía de los Derechos Digitales (LOPDGDD)

El RGPD se aplica a cualquier entidad (empresas, autónomos, organizaciones públicas o privadas) que trate datos personales dentro de la Unión Europea o de ciudadanos europeos, incluso si la empresa tiene su sede fuera de la UE. El RGPD se estructura en:

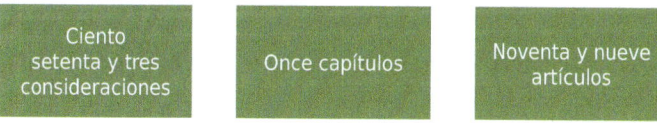

Ciento setenta y tres consideraciones

Once capítulos

Noventa y nueve artículos

La LOPDGDD no solo desarrolla el RGPD en el contexto español, sino que también introduce disposiciones específicas relacionadas con los derechos digitales, la videovigilancia, el uso de datos en el ámbito laboral y la protección de menores en entornos digitales. La LOPDGDD se estructura en:

Diez títulos

Seis disposiciones transitorias

Veintidós disposiciones adicionales

Una disposición derogatoria

Dieciséis disposiciones finales

La protección de datos se ha convertido en uno de los pilares fundamentales del marco regulador empresarial, con repercusiones directas en autónomos y pequeñas y medianas empresas (pymes). En el entorno empresarial actual, las pymes y los autónomos no solo enfrentan desafíos relacionados con sus actividades comerciales, sino que también deben navegar por un marco legal cada vez más complejo. Las regulaciones de protección de datos como el RGPD o la LOPDGDD obligan a las entidades a manejar los datos personales con un alto estándar de seguridad y respeto por la privacidad. Tanto los autónomos como las pymes deben llevar un registro de las actividades de tratamiento de datos. Este documento debe estar formado por:

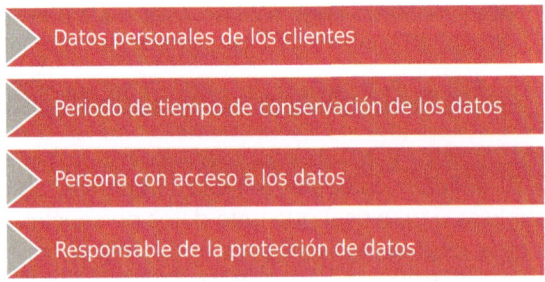

Datos personales de los clientes

Periodo de tiempo de conservación de los datos

Persona con acceso a los datos

Responsable de la protección de datos

Uno de los principios básicos de la protección de datos es el consentimiento explícito del interesado. Se exige eficiencia en la obtención y registro de este consentimiento, el cual debe ser informado, específico e inequívoco. Esto significa que los formularios y comunicaciones deben ser claros y concisos, evitando el uso de lenguaje ambiguo o confuso.

Las pymes y los autónomos deben responder eficazmente a las solicitudes relacionadas con los derechos de los interesados, tales como:

| Derecho de acceso | Derecho de rectificación | Derecho de cancelación |
| Limitación del tratamiento | Portabilidad de los datos | Oposición |

Cuando el tratamiento pueda conllevar un alto riesgo para los derechos y libertades de las personas físicas, las pymes y los autónomos están obligados a realizar una evaluación de impacto sobre la protección de datos (EIPD). Para garantizar la seguridad de los datos se puede implementar una seguridad desde un simple cifrado de información sensible hasta la elaboración de políticas de gestión de contraseñas o el uso de antivirus actualizados. Una EIPD incluirá:

Descripción del tratamiento de datos	Análisis de necesidad y proporcionalidad	Evaluación de riesgos	Mitigación de riesgos

Ejercicios de autoevaluación
Unidad de Aprendizaje 1

1. **¿En qué fecha se aplicó el Reglamento General de Protección de Datos (RGPD)?**

   a. 17 de mayo de 2016.
   b. 25 de mayo de 2018.
   c. 5 de diciembre de 2018.
   d. 14 de julio de 2016.

2. **El objetivo principal del Reglamento General de Protección de Datos es:**

   a. Proteger los derechos y libertades fundamentales de las personas físicas respecto al tratamiento de sus datos personales y sin garantizar la libre circulación de estos datos dentro de la UE.
   b. Permitir que las empresas recopilen y utilicen libremente los datos personales de los ciudadanos sin restricciones.
   c. Regular exclusivamente el uso de datos personales por parte de grandes corporaciones, excluyendo a las pequeñas empresas y autónomos.
   d. Proteger los derechos y libertades fundamentales de las personas físicas respecto al tratamiento de sus datos personales y garantizar la libre circulación de estos datos dentro de la UE.

3. **Una empresa sudamericana que vende sus productos en Norteamérica debe cumplir con el Reglamento General de Protección de Datos:**

   ■ Verdadero
   ■ Falso

4. **Los artículos que hablan sobre sanciones en el Reglamento General de Protección de Datos se recogen en el:**

   a. Capítulo III
   b. Capítulo XI
   c. Capítulo VIII
   d. Capítulo V

5. Completa la siguiente frase:

    a. La Ley Orgánica de Protección de Datos Personales y Garantía de los Derechos Digitales introduce disposiciones específicas relacionadas con _____, la videovigilancia, el uso de datos en el ámbito laboral y _____.

    b. Solución: los derechos digitales, la protección de menores en entornos digitales.

6. La Ley Orgánica de Protección de Datos Personales y garantía de los derechos digitales fue publicada el:

    a. 17 de mayo de 2016

    b. 25 de mayo de 2018

    c. 5 de diciembre de 2018

    d. 14 de julio de 2016

7. La Ley Orgánica de Protección de Datos Personales y Garantía de los Derechos Digitales se estructura en diez títulos, seis disposiciones transitorias, veintidós disposiciones adicionales, una disposición derogatoria y dieciséis disposiciones finales:

    ■ Verdadero

    ■ Falso

8. Completa la siguiente frase:

    a. La evaluación de impacto sobre la protección de datos (EIPD) es un análisis que las empresas deben realizar cuando un tratamiento de datos personales puede suponer un riesgo alto para los _____ y _____ de las personas.

    b. Solución: derechos, libertades.

9. ¿Cuál es el principio básico de la protección de datos?

    a. La recopilación ilimitada de datos sin restricciones

    b. El almacenamiento de datos personales de forma indefinida

    c. La cesión de datos a terceros sin necesidad de autorización

    d. El consentimiento explícito

10. ¿En qué título de la Ley Orgánica de Protección de Datos Personales y garantía de los derechos digitales se define el régimen sanciona-dor, clasificando infracciones en muy graves, graves y leves?

    a. Título III
    b. Título IX
    c. Título VIII
    d. Título V

Cumplimiento de las obligaciones de seguridad

Contenido

Objetivos

El objetivo general de esta Unidad de Aprendizaje es:

→ Valorar la importancia de la protección de datos personales en el contexto de los autónomos y de los pequeños empresarios.

Los objetivos específicos de esta Unidad de Aprendizaje son:

→ Identificar las obligaciones mínimas que deben cumplir los autónomos y los pequeños empresarios en protección de datos.

→ Aplicar medidas de seguridad efectivas en el tratamiento de datos.

→ Conocer la estructura del registro de actividades de tratamiento.

1. Introducción

La protección de datos personales es un tema clave en el mundo digital actual, donde la información es un activo valioso. Para los autónomos y los pequeños empresarios garantizar la seguridad de los datos es fundamental, ya que el incumplimiento puede traer sanciones legales y afectar la confianza de los clientes.

Esta unidad busca proporcionar herramientas y conocimientos para que los autónomos comprendan y apliquen correctamente la normativa de protección de datos. Proteger la información de clientes, proveedores y empleados no solo es una obligación legal, sino también un factor diferenciador en un mercado competitivo.

Integrar la protección de datos en la gestión del negocio ayuda a identificar riesgos y a tomar medidas proactivas, fortaleciendo la confianza del cliente y promoviendo relaciones comerciales sostenibles. Cumplir con estas obligaciones no debe verse como una carga, sino como una inversión en la transparencia y eficiencia del negocio.

Ignorar estas obligaciones puede acarrear consecuencias financieras y reputacionales. Conocer y aplicar la normativa no solo protege a los clientes, sino que también mejora la imagen del negocio y atrae clientes, socios e inversores que valoran la seguridad y la responsabilidad corporativa.

En definitiva, cumplir con la normativa de protección de datos es esencial para la sostenibilidad y el crecimiento de cualquier negocio. Más que una obligación, es una oportunidad para demostrar compromiso con la calidad, la confianza y la ética empresarial.

En esta unidad continuaremos con el caso de Valeria, que quiere garantizar los datos de sus clientes, ya que no quiere que su negocio de venta de impresión 3D se vea afectado por ello.

2. ¿Es obligatorio la protección de datos para los autónomos?

👉 HILO CONDUCTOR

Toda empresa, sin importar su tamaño, debe garantizar la seguridad de los datos personales de sus clientes. Por ello, Valeria, consciente de la importancia de proteger la información de quienes confían en su negocio, ha decidido informarse sobre las mejores formas de cumplir con la normativa y asegurar la tranquilidad de sus clientes.

La protección de datos personales es un tema que ha cobrado gran relevancia en las últimas décadas, especialmente tras la implementación del Reglamento General de Protección de Datos (RGPD) en Europa y la Ley Orgánica de Protección de Datos y Garantía de los Derechos Digitales (LOPDGDD) en España. La globalización y la digitalización han hecho que tanto grandes empresas como pequeñas organizaciones, así como los trabajadores autónomos, se enfrenten a la necesidad de gestionar los datos de forma responsable y conforme a la ley.

RECUERDA

Según el RGPD, cualquier entidad, ya sea persona física o jurídica, que trate datos personales en el curso de sus actividades económicas o profesionales está sujeta a sus disposiciones.

El tratamiento de datos personales se refiere a cualquier operación o conjunto de operaciones realizadas sobre datos personales:

- **Recopilación:** es el primer paso en el tratamiento de datos. Puede realizarse de diferentes maneras, como formularios en línea, registros de clientes o suscripciones.
- **Registro:** consiste en almacenar los datos en un sistema físico o digital, como bases de datos, hojas de cálculo o sistemas de gestión.

- **Organización y estructuración:** una vez recopilados y registrados, los datos deben organizarse de manera lógica para facilitar su uso y gestión. Esto puede implicar clasificarlos por categorías, clientes o necesidades específicas.
- **Conservación:** se refiere al almacenamiento de los datos por un período determinado, según la finalidad para la que fueron recogidos.
- **Adaptación y modificación:** los datos pueden cambiar con el tiempo, por lo que es necesario actualizarlos, corregir errores o ajustarlos según las necesidades del negocio o cambios normativos.
- **Extracción:** se refiere a la acción de obtener información de una base de datos o de un sistema donde está almacenada, con el objetivo de analizarla o transferirla a otro lugar.
- **Consulta:** permite acceder a los datos sin alterarlos, ya sea para revisarlos, analizarlos o responder solicitudes de los interesados que desean conocer qué información tiene una empresa sobre ellos.
- **Utilización:** aplicación de los datos personales para el propósito para el cual fueron recopilados, como por ejemplo facturación o atención al cliente.
- **Comunicación y difusión:** compartir los datos con terceros, ya sea dentro o fuera de la empresa. Esto solo debe hacerse con el consentimiento del titular o cuando la ley lo permita.
- **Borrado y destrucción:** cuando los datos ya no son necesarios, deben eliminarse de forma segura para evitar accesos no autorizados.

Por lo tanto, si un autónomo maneja información que puede identificar a una persona física, como nombres, direcciones de correo electrónico, teléfonos, direcciones físicas, NIF o cualquier otro dato que pueda vincularse a una persona, debe cumplir con la normativa de protección de datos. Esto es aplicable independientemente del sector en el que el autónomo opere o del tamaño de su base de datos.

Dado que los autónomos a menudo carecen de los recursos con los que cuentan las grandes empresas para implementar complejas infraestructuras de seguridad, deben enfocarse en medidas básicas y efectivas que aseguren la protección de datos. Estas medidas son las siguientes:

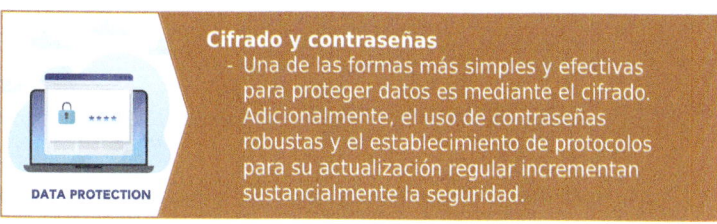

Cifrado y contraseñas
- Una de las formas más simples y efectivas para proteger datos es mediante el cifrado. Adicionalmente, el uso de contraseñas robustas y el establecimiento de protocolos para su actualización regular incrementan sustancialmente la seguridad.

DATA PROTECTION

Continúa en página siguiente >>

<< Viene de página anterior

Copias de seguridad
- Realizar copias de seguridad regulares es fundamental para la recuperación de datos en caso de pérdida. Los autónomos deben establecer un esquema de *backup* que sea conveniente con su operación diaria y que les permita restablecer la información rápidamente.

Formación y concienciación
- Aunque los autónomos trabajan de manera individual, es esencial que estén informados sobre las mejores prácticas y sobre las amenazas emergentes. Esto implica, por ejemplo, evitar caer en ataques de *phishing* y ser conscientes de los riesgos que los dispositivos no seguros pueden representar.

La aplicación de estas medidas trae consigo una serie de ventajas e inconvenientes:

Ventajas	Inconvenientes
Protección de información sensible	Coste inicial e implementación
Cumplimiento de la normativa	Dificultad técnica para algunos autónomos
Mayor confianza de clientes y proveedores	Posible resistencia al cambio por parte de los autónomos
Reducción de pérdidas económicas y operativas	Mantenimiento y actualizaciones
Menor impacto de ataques cibernéticos	

 ACTIVIDAD COMPLEMENTARIA

1. Supón que realizas diferentes acciones formativas dirigidas a los autónomos para asegurar la protección de datos de los clientes. Elabora un plan de formación en seguridad *online*.

- -

3. Obligaciones mínimas que debe cumplir un autónomo y un pequeño empresario

☞ HILO CONDUCTOR

Valeria quiere asegurarse de que su negocio cumple con toda la normativa vigente en materia de protección de datos. Consciente de la importancia de proteger la información de sus clientes y evitar posibles sanciones, necesita conocer y aplicar una serie de obligaciones mínimas que, hasta ahora, desconoce.

- -

Los autónomos que manejan datos personales deben cumplir con una serie de obligaciones para garantizar la seguridad y el tratamiento adecuado de la información. Algunas de las más importantes incluyen las siguientes:

➲ **Registro de actividades de tratamiento:** los autónomos que manejan datos personales deben documentar qué información recopilan, con qué fin, durante cuánto tiempo la almacenan y qué medidas de seguridad aplican. Según el artículo 30 del RGPD, se exime a empresas con menos de 250 empleados de esta obligación en ciertos casos, aunque es recomendable que los autónomos evalúen su necesidad de llevar este registro, sobre todo si manejan datos de manera habitual. La LOPD-GDD refuerza esta obligación en su artículo 31. Un registro de actividades debe tener la siguiente estructura:

- ↻ Actividad de tratamiento
- ↻ Categoría de datos
- ↻ Categoría de interesados
- ↻ Finalidad del tratamiento
- ↻ Base legal

➲ **Obtención del consentimiento:** el artículo 7 del RGPD exige que cualquier tratamiento de datos personales cuente con el consentimiento expreso del titular. Esto implica informar de manera clara y sencilla sobre el uso que se dará a los datos y obtener su aprobación antes de recopilarlos o procesarlos. El consentimiento debe ser libre, específico, informado e inequívoco. Por su parte, la LOPDGDD, en su artículo 6, refuerza esta exigencia y establece que el consentimiento puede otorgarse mediante una declaración o una clara acción afirmativa.

➲ **Derechos de los interesados:** según el RGPD, las personas cuyos datos son tratados tienen varios derechos que los autónomos deben respetar y facilitar. Entre ellos, el derecho de acceso (artículo 15), rectificación (artículo 16), borrado o derecho al olvido (artículo 17), limitación del tratamiento (artículo 18), portabilidad (artículo 20) y oposición (artículos 21 y 22). La LOPDGDD refuerza esto en sus artículos 13-18.

- **Designación de un delegado de protección de datos:** según el artículo 37 del RGPD, aunque no siempre es obligatorio para todos los autónomos y pequeñas empresas designar a un delegado de protección de datos, es una práctica recomendada, especialmente si el tratamiento sistemático de datos es el núcleo de la actividad de la empresa. Esto se refuerza en el artículo 34 de la LOPDGDD.

- **Revisión y actualización de políticas de privacidad:** la actualización regular de las políticas de privacidad, haciéndolas accesibles y comprensibles para los interesados, es esencial. Los cambios en la normativa o en las prácticas de recogida y tratamiento de datos deben reflejarse en las políticas adoptadas. En la política de privacidad se debe incluir:

  - Un resumen claro de cómo y por qué se recopilan los datos
  - Detalles sobre quién tiene acceso a los datos
  - Información sobre las medidas de seguridad

- **Notificación de brechas de seguridad:** si ocurre una filtración o vulneración de datos personales, los autónomos deben informar a la autoridad competente en un plazo máximo de 72 horas desde que tengan conocimiento del incidente, tal y como se establece en el artículo 33 del RGPD. Esto resalta la importancia de contar con protocolos de seguridad y detección temprana de brechas. Dependiendo de la gravedad del caso, también puede ser necesario notificar a las personas afectadas. Implementar medidas como copias de seguridad, cifrado y formación en ciberseguridad puede ayudar a prevenir estos problemas y a reaccionar rápidamente en caso de que ocurran. Esto viene recogido en los artículos 73 y 74 de la LOPDGDD.

👁 EJEMPLO

En un consultorio de fisioterapia se ha llevado a cabo la estructuración del registro de actividades de la siguiente forma:

- Actividad de tratamiento: gestión de historial clínico.
- Categorías de datos tratados: nombre, apellidos, DNI, dirección, teléfono, historial médico, datos de salud.

Continúa en página siguiente >>

<< Viene de página anterior

- Categorías de interesados: pacientes.
- Finalidad del tratamiento: prestación de servicios de fisioterapia y seguimiento de la evolución del paciente.
- Base legal: artículo 6.1.c y 9.2.h del RGPD.

 ## APLICACIÓN PRÁCTICA

Óliver tiene una empresa de cuidados de animales domésticos. Le han comentado que se ha filtrado información personal sobre un par de clientes. Le ha pedido consejo a Valeria, pero esta no sabe cómo actuar. ¿Podrías ayudarle?

Solución

Si ocurre una filtración o vulneración de datos personales, los autónomos deben informar a la autoridad competente en un plazo máximo de 72 h desde que tengan conocimiento del incidente.

4. Resumen

La globalización y la digitalización han hecho que tanto grandes empresas como pequeñas organizaciones, así como los trabajadores autónomos, se enfrenten a la necesidad de gestionar los datos de forma responsable y conforme a la ley (Reglamento General de Protección de Datos, RGPD, en Europa y Ley Orgánica de Protección de Datos y garantía de los derechos digitales, LOPDGDD, en España). El tratamiento de datos personales se refiere a cualquier operación o conjunto de operaciones realizadas sobre datos personales:

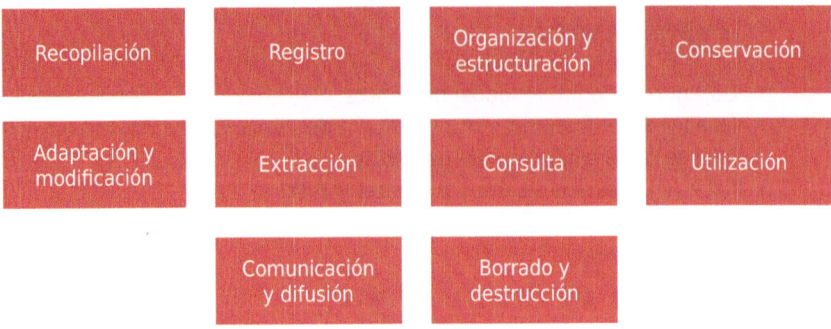

Dado que los autónomos a menudo carecen de los recursos con los que cuentan las grandes empresas para implementar complejas infraestructuras de seguridad, deben enfocarse en medidas básicas y efectivas que aseguren la protección de datos:

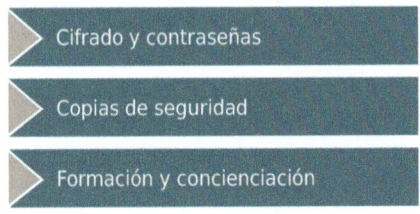

Los autónomos que manejan datos personales deben cumplir con una serie de obligaciones para garantizar la seguridad y el tratamiento adecuado de la información. Algunas de las más importantes incluyen:

Ejercicios de autoevaluación
Unidad de Aprendizaje 2

1. Determina si la siguiente oración es verdadera o falsa: "Según el RGPD, cualquier entidad, ya sea persona física o jurídica, que trate datos personales en el curso de sus actividades económicas o profesionales está sujeta a sus disposiciones".

   ■ Verdadero
   ■ Falso

2. ¿A qué se refiere el tratamiento de datos?

   a. A cualquier operación o conjunto de operaciones realizadas sobre datos personales.
   b. Solo al almacenamiento de datos personales sin realizar ninguna otra acción sobre ellos.
   c. Exclusivamente al uso de datos para fines comerciales y publicitarios.
   d. A la recopilación de datos, pero sin necesidad de protegerlos ni gestionarlos adecuadamente.

3. ¿Cuál es el primer paso en el tratamiento de datos personales?

   a. Registro de los datos en bases de datos
   b. Adaptación y modificación de los datos
   c. Eliminación de datos innecesarios
   d. Recopilación de los datos

4. ¿Qué implica la consulta de datos en el tratamiento de información?

   a. Acceder a los datos sin alterarlos, permitiendo su revisión y análisis.
   b. Eliminar automáticamente los datos almacenados en una base de datos.
   c. Modificar los datos según la necesidad del negocio, sin restricciones.
   d. Compartir los datos personales con cualquier tercero sin consentimiento.

5. **Un autónomo que maneja datos personales de sus clientes debe asegurarse de cumplir con la normativa de protección de datos. ¿Cuál de las siguientes afirmaciones es correcta respecto a sus obligaciones?**

   a. Solo necesita obtener el consentimiento de sus clientes si almacena datos financieros o bancarios.

   b. Está obligado a permitir que los clientes accedan, rectifiquen o soliciten la eliminación de sus datos personales.

   c. No necesita informar a la autoridad competente en caso de una brecha de seguridad, ya que es un negocio pequeño.

   d. Puede almacenar datos personales indefinidamente sin necesidad de justificar el período de conservación.

6. **¿En qué consiste la conservación de datos en el tratamiento de información?**

   a. Compartir los datos con terceros sin restricciones.

   b. Eliminar los datos inmediatamente después de su recopilación.

   c. Almacenar los datos por un período determinado según su finalidad.

   d. Modificar los datos según las necesidades del negocio.

7. **Ordena la estructura de un registro de actividades de tratamiento.**

   a. Finalidad del tratamiento, categoría de datos, actividad de tratamiento, base legal y categoría de interesados.

8. **¿Por qué es recomendable designar a un delegado de protección de datos?**

   a. Para gestionar el tratamiento de datos cuando es una parte clave del negocio.

   b. Porque todos los autónomos están obligados a hacerlo.

   c. Para evitar cumplir con otras normativas de seguridad.

   d. Para encargarse de la contabilidad y otros aspectos financieros.

9. **¿Qué derecho no se incluye dentro de los derechos de los interesados en el RGPD?**

   a. Derecho de acceso
   b. Derecho a la portabilidad
   c. Derecho a recibir una compensación económica
   d. Derecho al olvido

10. **¿Por qué es importante realizar copias de seguridad de los datos de los clientes?**

   a. Para compartir los datos con terceros sin autorización.
   b. Para evitar que los clientes ejerzan sus derechos sobre sus datos.
   c. Para eliminar datos antiguos sin posibilidad de recuperación.
   d. Para garantizar la recuperación de información en caso de pérdida.

Identificación de los derechos de las personas

Contenido

Objetivos

El objetivo general de esta Unidad de Aprendizaje es:

→ Identificar los derechos de las personas en el tratamiento de sus datos personales, incluyendo los derechos digitales y las sanciones aplicables en caso de incumplimiento.

Los objetivos generales de esta Unidad de Aprendizaje son:

→ Analizar los derechos que pueden ejercer las personas para garantizar la seguridad y privacidad de su información personal.

→ Examinar los derechos personales en el entorno digital.

→ Analizar las sanciones establecidas por el incumplimiento de las normativas de protección de datos.

1. Introducción

La identificación y defensa de los derechos individuales es fundamental para la convivencia social y el respeto mutuo en cualquier sociedad moderna. En un mundo cada vez más interconectado y complejo, comprender tanto los derechos humanos básicos como los emergentes en la era digital se ha vuelto indispensable. La protección de datos personales es un tema central dentro de los derechos digitales, lo que exige una revisión y actualización constante debido a la rápida evolución tecnológica.

Históricamente, los derechos de las personas han evolucionado desde la protección de la integridad física y moral hasta conceptos más avanzados, que incluyen la privacidad y el acceso a la información. En la actualidad, garantizar la seguridad de los datos personales y la privacidad se ha convertido en una prioridad, tanto a nivel individual como colectivo. El reconocimiento de los derechos digitales es una extensión natural de los derechos humanos tradicionales, reafirmando la importancia de la dignidad y la libertad en un mundo digitalizado.

Conocer nuestras obligaciones y las sanciones asociadas a la violación de estos derechos es fundamental. No basta con saber que contamos con ellos; es necesario entender las consecuencias legales tanto para los infractores como para los afectados. Esta información no solo permite actuar con mayor seguridad, sino que también promueve una ética digital basada en la responsabilidad y el respeto por los derechos fundamentales.

El estudio integral de los derechos de las personas, desde los tradicionales hasta los digitales, junto con la comprensión de las sanciones, es esencial para formar ciudadanos informados y responsables. En un mundo globalizado y digital, el respeto y la promoción de estos derechos son cruciales no solo para la protección individual, sino también para garantizar una sociedad más justa y equitativa. Reflexionar sobre estos derechos nos permite reconocer que su protección y evolución requieren vigilancia, actualización y un compromiso constante.

En esta unidad volveremos a centrarnos en el caso de Valeria, que quiere seguir adquiriendo conocimientos sobre los derechos de sus clientes y sobre las posibles sanciones en caso de no cumplirlos.

2. Derechos de las personas

 HILO CONDUCTOR

Valeria, con el objetivo de garantizar la legalidad de su negocio de venta *online*, ha decidido informarse sobre los derechos que tienen sus clientes en el tratamiento de sus datos personales. Además, este conocimiento no solo le permitirá cumplir con la normativa vigente, sino que también la ayudará a entender y ejercer sus propios derechos como clienta en otras tiendas.

La protección de datos personales es un derecho fundamental que garantiza la privacidad y su control en un mundo cada vez más digitalizado e interconectado. Su objetivo es regular la recolección, uso, transmisión y almacenamiento de datos personales, evitando abusos y posibles violaciones de la privacidad. Dentro del ámbito de la protección de datos, los derechos de las personas garantizan que los individuos tengan el control sobre sus propios datos, permitiendo un equilibrio justo entre el derecho a la privacidad y las necesidades de desarrollo económico y social.

RECUERDA

El cumplimiento de normativas como el Reglamento General de Protección de Datos (RGPD) y la Ley Orgánica de Protección de Datos y Garantía de los Derechos Digitales (LOPDGDD) es clave para garantizar un tratamiento adecuado de la información y prevenir riesgos asociados a su uso indebido.

Existen diversos derechos que garantizan la transparencia y el adecuado tratamiento de la información personal:

- **Derecho de acceso:** recogido en el artículo 15 del RGPD y en el artículo 13 de la LOPDGDD. Permite a las personas conocer y verificar el tratamiento al que están sometidos sus datos personales. Este derecho faculta al individuo a obtener información completa del responsable del tratamiento sobre si sus datos están siendo procesados, los fines de dicho tratamiento, los destinatarios o las categorías de destinatarios a quienes se les han comunicado y, cuando sea posible, el plazo de conservación previsto. Además, el titular de los datos tiene derecho a recibir una copia de estos, lo que es crucial para comprobar su exactitud y ser consciente del destino que estos tienen. Esto supone una transparencia total que permite al sujeto mantener un control sobre la información que estas entidades poseen, y realizar correcciones en caso de detectar errores.

Por ejemplo, una persona puede solicitar a una entidad bancaria todos los datos que esta posee sobre ella, lo cual no solo incluye transacciones y saldos, sino también registros de interacciones, correspondencias y cualquier otro dato recuperable que se haya generado.

- ⮥ **Derecho de rectificación:** recogido en el artículo 16 del RGPD y en el artículo 14 de la LOPDGDD. Permite a las personas corregir datos inexactos o incompletos. Este derecho cobra especial relevancia en el caso de que la información procesada pueda impactar en la interacción del titular de los datos con entidades externas, como en el caso de calificaciones erróneas en bases de datos crediticias, que podrían afectar la posibilidad de solicitar un préstamo. La capacidad de corregir errores es esencial para prevenir consecuencias desfavorables derivadas de información desactualizada o incorrecta.

  Por ejemplo, un cliente descubre que su dirección de correo electrónico registrada en una plataforma de compras *online* es incorrecta, lo que podría conllevar problemas no solo de seguridad, sino también de recepción de productos y servicios. Gracias al derecho de rectificación, el cliente puede solicitar la actualización inmediata de este dato, garantizando así que sus comunicaciones y compras futuras se realicen sin inconvenientes.

- ⮥ **Derecho de supresión:** recogido en el artículo 17 del RGPD y en el artículo 15 de la LOPDGDD. Conocido comúnmente como el **derecho al olvido,** permite que los datos personales sean eliminados cuando ya no sean necesarios para los fines para los que se recogieron, o cuando el titular retire su consentimiento. Este derecho también se aplica cuando los datos personales han sido procesados de manera ilegal o cuando se deba cumplir con una obligación legal. El derecho al olvido se vuelve especialmente importante en el contexto digital y en la reputación *online*.

  Por ejemplo, un individuo que durante años ha estado en el centro de un escándalo periodístico ya superado puede solicitar que estas referencias sean eliminadas de los motores de búsqueda, permitiendo así reconstruir su imagen pública de forma justa y veraz.

- ⮥ **Derecho a la limitación del tratamiento:** recogido en el artículo 18 del RGPD y en el artículo 16 de la LOPDGDD. Ofrece a los individuos la posibilidad de solicitar la suspensión del procesamiento de sus datos personales bajo ciertas circunstancias. Esto es especialmente útil cuando la exactitud de los datos está en cuestión, el tratamiento es ilícito (y se prefiere la limitación a la supresión), o cuando los datos ya no son necesarios pero el titular los requiere para la formulación, ejercicio o defensa de reclamaciones.

Por ejemplo, consideremos a una víctima de fraude financiero que disputa un cargo en su cuenta bancaria. Durante la investigación, puede solicitar que sus datos sean limitados temporalmente de cualquier tratamiento no esencial hasta que se resuelva la cuestión sobre la validez de las transacciones, garantizando así que no se tomen acciones perjudiciales hasta que los datos sean evaluados y corregidos.

➲ **Derecho a la portabilidad de los datos:** recogido en el artículo 20 del RGPD y en el artículo 17 de la LOPDGDD. Es un mecanismo que permite a las personas recibir los datos personales que han proporcionado a un responsable del tratamiento en un formato estructurado, de uso común y lectura mecánica, y poder transmitirlos a otro responsable. Este derecho facilita el cambio de proveedor de servicios sin pérdida de la información personal acumulada. La portabilidad de datos es esencial en diversas industrias, como la banca, el seguro o los servicios de telecomunicaciones.

Por ejemplo, un cliente decide cambiar de operadora telefónica. Gracias al derecho a la portabilidad de los datos, se permite transferir sin mayor complicación su historial de uso y preferencias de una compañía a otra, asegurando una experiencia de cliente ininterrumpida y personalizada.

➲ **Derecho de oposición:** recogido en los artículos 21-22 del RGPD y en el artículo 18 de la LOPDGDD. Otorga la capacidad de cesar el procesamiento de datos personales cuando se fundamentan motivos relacionados con una situación particular del titular. En aplicación práctica, este derecho es significativo para frenar el procesamiento de información personal con fines de *marketing* directo, análisis de perfil o investigación estadística cuando no haya razones legítimas obligatorias para continuar con dicho tratamiento.

Por ejemplo, un suscriptor a una revista que, tras recibir numerosas ofertas y promociones por correo electrónico, decide que no desea que sus datos sean utilizados para *marketing* directo. Al ejercer su derecho de oposición, su solicitud debe ser acatada y sus datos deben excluirse de las campañas de *marketing* subsiguientes.

La protección de datos personales es clave para garantizar el respeto a los derechos individuales en el entorno digital. Al ejercer estos derechos, las personas no solo resguardan su privacidad, sino que también promueven la responsabilidad y transparencia en el manejo de la información. La educación en derechos digitales resulta fundamental para equilibrar la privacidad con la innovación y el desarrollo social en un mundo en constante evolución tecnológica.

3. Derechos digitales

☞ HILO CONDUCTOR

En esta era digital, Valeria se ha dado cuenta de la importancia de conocer los derechos digitales que protegen tanto a su negocio como a ella misma como usuaria de internet. Por ello, ha decidido informarse sobre las normas que garantizan la privacidad, la seguridad y el acceso a la información en el entorno digital.

En la era digital actual, la cantidad de datos personales generados, recolectados y almacenados es inmensa. Esto ha generado debates sobre cómo estos datos deben ser protegidos y sobre los derechos que es necesario garantizar a las personas en el entorno digital. Los derechos digitales son una extensión de los derechos humanos que se aplican a la era de la información, asegurando el acceso, la privacidad y la seguridad de las personas en el entorno digital.

Los derechos digitales se refieren a los derechos fundamentales que permiten a las personas acceder, utilizar, crear y publicar medios digitales, además de acceder y usar computadoras, otros dispositivos electrónicos y redes de comunicación. La Ley Orgánica de Protección de Datos y garantía de los derechos digitales establece los siguientes derechos digitales:

- **Artículo 80:** los usuarios tienen derecho a un acceso a internet sin discriminación técnica o económica por parte de los proveedores.
- **Artículo 81**: se garantiza el acceso a internet para todos, sin distinción social, económica o geográfica. Se busca reducir la brecha de género y generacional, y se atenderán las necesidades de entornos rurales y personas con necesidades especiales.
- **Artículo 82:** los usuarios tienen derecho a la seguridad en sus comunicaciones en internet, y los proveedores deben informarles sobre sus derechos.
- **Artículo 83:** la educación debe garantizar la integración digital, promoviendo el uso seguro y responsable de la tecnología. Se incluirá en los planes de estudio la formación en competencias digitales y riesgos en línea.
- **Artículo 84:** se fomenta un uso equilibrado de dispositivos digitales por parte de los menores. La difusión no autorizada de imágenes o datos de menores puede dar lugar a la intervención del Ministerio Fiscal.

- **Artículo 85:** se garantiza la posibilidad de corregir información que afecte el honor o la intimidad de una persona en redes sociales y medios digitales, incluyendo avisos aclaratorios en archivos de noticias.
- **Artículo 86:** se permite solicitar la inclusión de un aviso de actualización en noticias que ya no reflejen la situación actual de una persona, especialmente en casos judiciales o policiales.
- **Artículo 87:** los trabajadores tienen derecho a la privacidad en los dispositivos digitales proporcionados por su empleador, aunque este podrá acceder a ellos solo con fines laborales y bajo criterios previamente establecidos.
- **Artículo 88:** se reconoce el derecho a la desconexión digital fuera del horario laboral para proteger el descanso y la vida personal. Se deberán establecer políticas internas para garantizar su cumplimiento.
- **Artículo 89:** los empleadores pueden usar cámaras para control laboral, siempre que informen previamente. No se permite la grabación en espacios privados, como vestuarios o comedores.
- **Artículo 90:** se permite el uso de sistemas de geolocalización para control laboral, pero los trabajadores deben ser informados previamente sobre su uso y sus derechos.
- **Artículo 91:** los convenios colectivos pueden incluir garantías adicionales para la protección de los datos personales y derechos digitales de los trabajadores.
- **Artículo 92:** cualquier entidad que trabaje con menores debe garantizar la protección de sus datos. En redes sociales, se necesita el consentimiento del menor o de sus representantes legales.
- **Artículo 93:** se permite solicitar la eliminación de enlaces en motores de búsqueda cuando la información sea inexacta, irrelevante o excesiva, priorizando los derechos del afectado sobre la permanencia de la información.
- **Artículo 94:** cualquier persona puede solicitar la eliminación de sus datos en redes sociales. En caso de menores de edad, la supresión debe realizarse sin dilación.
- **Artículo 95:** se garantiza que los usuarios puedan recuperar y transferir sus datos entre plataformas, siempre que sea técnicamente posible.
- **Artículo 96:** familiares y herederos pueden acceder o gestionar los contenidos digitales de una persona fallecida, salvo que esta haya indicado lo contrario. Se regula el mantenimiento o eliminación de perfiles en redes sociales.

 **PARA SABER MÁS**

Si quieres ampliar conocimiento sobre los derechos digitales, puedes hacerlo consultando la Ley Orgánica de Protección de Datos y garantía de los derechos digitales. Accede desde aquí.

https://redirectoronline.com/ctrg00120102

4. Conocimiento de las sanciones

👉 **HILO CONDUCTOR**

Valeria ha decidido profundizar en las sanciones que pueden derivarse del incumplimiento de la normativa de protección de datos. Conocer las consecuencias de posibles infracciones no solo le permitirá evitar riesgos legales, sino también garantizar la confianza de sus clientes.

Conocer las sanciones relacionadas con la violación de las normativas de protección de datos personales es de crucial importancia tanto para individuos como para organizaciones. Al entender no solo los derechos digitales, sino también las penalizaciones derivadas de no respetarlos, se fortalece la capacidad de las personas y entidades de operar de manera ética y conforme a la ley.

NOTA

Las sanciones se enmarcan en el artículo 84 y 76 del Reglamento General de Protección de Datos y en la Ley Orgánica de Protección de Datos y Garantía de los Derechos Digitales, respectivamente.

4.1. Tipos de sanciones

Las sanciones aplicables en casos de violación de la normativa de protección de datos pueden ser:

- **Sanciones administrativas:** son impuestas por organismos reguladores de protección de datos cuando se detecta el incumplimiento de normativas. Entre las más comunes se incluyen:

  - **Multas económicas:** estas pueden ser sustanciales y se calculan a menudo en función de la gravedad de la infracción, el volumen de datos comprometidos y la capacidad económica de la entidad sancionada.
  - **Órdenes de cese:** la autoridad de protección de datos puede ordenar que la organización deje de procesar datos personales hasta que se solventen las infracciones.
  - **Prohibiciones sobre transferencias internacionales:** en algunos casos, una autoridad puede prohibir transferencias internacionales de datos si no se cumplen los criterios reglamentarios.

- **Sanciones civiles:** estas sanciones son impuestas por los tribunales civiles y pueden incluir:

  - **Compensaciones económicas:** las víctimas de una violación de sus datos personales pueden demandar a la entidad responsable para obtener compensación por los daños sufridos.
  - **Prestación de servicios de remediación:** como parte de la sanción, las organizaciones pueden estar obligadas a proporcionar servicios como protección de identidad o control crediticio, para mitigar el daño a los individuos afectados.

⊃ **Sanciones penales:** en casos graves, donde exista dolo o negligencia grave, puede haber sanciones penales, tales como:

    ◔ **Multas penales:** adicionales o en lugar de las multas administrativas, estas se aplican en algunos sistemas legales.

    ◔ **Penas de prisión para los responsables:** en situaciones donde se determine que hubo conductas criminales intencionadas, los responsables pueden enfrentar sanciones penales que pueden incluir penas de cárcel.

RECUERDA

El Reglamento General de Protección de Datos permite imponer multas de hasta 20 millones de euros o el 4 % del volumen de negocios anual global del infractor.

APLICACIÓN PRÁCTICA

Óliver se enfrenta a una sanción administrativa debido a la filtración de información personal de dos clientes. Ignora cuáles pueden ser estas sanciones, por lo que le pide consejo a Valeria, pero esta desconoce este tipo de sanciones, ya que su empresa nunca se ha enfrentado a esta situación. ¿Podrías ayudarle?

Solución

Las multas administrativas son impuestas por organismos reguladores de protección de datos cuando se detecta el incumplimiento de normativas. Entre las más comunes se incluyen las multas económicas, órdenes de cese y prohibiciones sobre transferencias internacionales.

4.2. Factores que influyen en la imposición de sanciones

Las autoridades de protección de datos consideran varios factores al decidir qué sanciones imponer, entre ellos:

Naturaleza de la infracción
- Incluye el tipo de datos comprometidos y la duración de la infracción.

Voluntad de corregir
- Si la entidad afectada toma acciones rápidas y efectivas para mitigar el impacto de una brecha, como notificar a las autoridades y a los titulares de los datos a la brevedad, esto puede atenuar las sanciones.

Historial de cumplimiento
- Una organización con un historial de buen cumplimiento puede recibir multas reducidas en comparación con reincidentes.

Niveles de cooperación
- La cooperación con la investigación por parte de la organización involucrada también es un factor atenuante.

4.3. Casos emblemáticos de sanciones por protección de datos

En los últimos años, las autoridades de protección de datos han impuesto sanciones significativas a empresas que han incumplido las normativas de privacidad y seguridad de la información. Estos casos han sentado precedentes sobre la importancia de cumplir con el marco legal vigente para evitar el uso indebido de datos personales.

 **EJEMPLO**

Google fue sancionado por las autoridades francesas con una multa de 50 millones de euros por falta de transparencia y consentimiento con el procesamiento de datos personales para personalización de anuncios, lo que destacó la importancia del consentimiento informado.

ACTIVIDAD COMPLEMENTARIA

2. Busca información sobre empresas que hayan recibido sanciones económicas elevadas por incumplir normativas de protección de datos. Identifica el
motivo de la sanción y la cantidad de la multa. Elabora un listado con los
casos más relevantes.

4.4. Consecuencias de las sanciones para las organizaciones

Las sanciones no solo afectan las finanzas de una organización, sino que
también tienen implicaciones como:

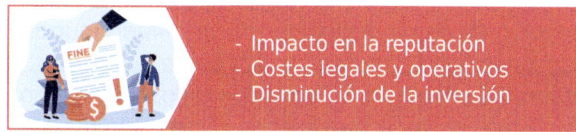

- Impacto en la reputación
- Costes legales y operativos
- Disminución de la inversión

Dada la magnitud potencial de las sanciones, es crucial que las organizaciones implementen y mantengan programas de cumplimiento efectivos, que
incluyan:

TAREA 2

Valeria es clienta de una tienda de ropa online. Al revisar su correo descubre que ha recibido promociones de varias empresas con las que nunca ha interactuado. Investigando sobre esto, se da cuenta de que esta tienda ha compartido sus datos personales sin su consentimiento. Elabora una queja formal sobre qué derechos puede ejercer Valeria para proteger su información y poder presentarlo ante la tienda online.

5. Resumen

La protección de datos personales es un derecho fundamental que salvaguarda la privacidad y otorga control sobre la información en un entorno digitalizado. Su propósito es regular la recopilación, uso, transmisión y almacenamiento de datos, previniendo abusos y vulneraciones. Para ello, se han establecido derechos que garantizan transparencia y un tratamiento adecuado de la información personal:

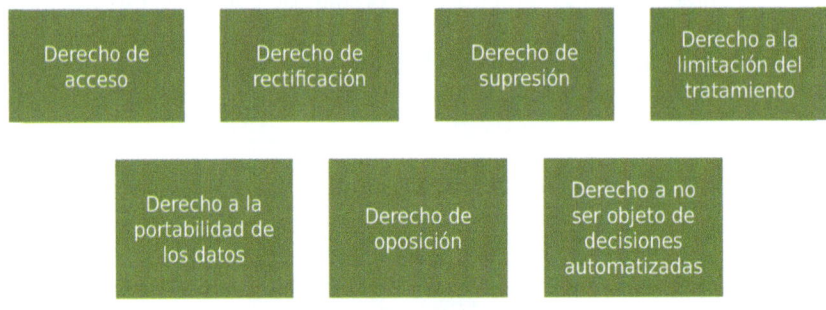

En la actualidad, el crecimiento exponencial de la información digital ha impulsado la necesidad de proteger los datos personales y garantizar derechos fundamentales en el entorno digital. Los derechos digitales representan una extensión de los derechos humanos en la era tecnológica, asegurando la privacidad, la seguridad y el acceso equitativo a la información. Entre estos derechos se incluyen la libertad de expresión, el acceso a la información y la protección de la privacidad, garantizando que las personas puedan interactuar en el mundo digital con las mismas garantías que en el ámbito físico.

Comprender las sanciones por el incumplimiento de las normativas de protección de datos personales es fundamental tanto para individuos como para organizaciones. Más allá de conocer los derechos digitales, es esencial entender las consecuencias legales de su violación, lo que fomenta una cultura de cumplimiento, ética y responsabilidad.

Estas sanciones buscan garantizar el respeto a la privacidad y la transparencia en el manejo de la información, promoviendo entornos seguros y alineados con la legislación vigente.

Las sanciones aplicables en casos de violación de la normativa de protección de datos pueden ser:

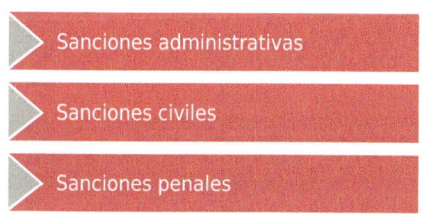

Las autoridades de protección de datos consideran varios factores al decidir qué sanciones imponer, entre ellos:

Las sanciones no solo afectan las finanzas de una organización, sino que también tienen implicaciones como:

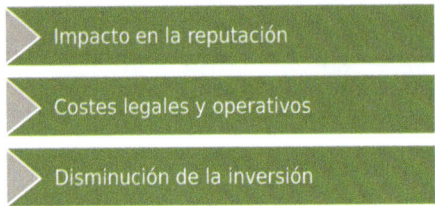

Impacto en la reputación

Costes legales y operativos

Disminución de la inversión

Dada la magnitud potencial de las sanciones, es crucial que las organizaciones implementen y mantengan programas de cumplimiento efectivos, que incluyan:

Políticas claras de protección de datos	Capacitación continua para el personal	Técnicas de seguridad avanzadas	Auditorías regulares

Ejercicios de autoevaluación
Unidad de Aprendizaje 3

1. ¿Qué permite el derecho a la portabilidad de los datos?

a. Obtener y reutilizar los datos personales en un formato estructurado para transferirlos a otro proveedor.
b. Eliminar cualquier dato personal almacenado por una empresa en un plazo de 30 días.
c. Restringir el acceso a los datos personales a cualquier empresa que los esté tratando.
d. Oponerse a la recopilación de datos personales en redes sociales.

2. Determina si la siguiente oración es verdadera o falsa: "El derecho de rectificación permite a los titulares corregir datos inexactos o erróneos".

■ Verdadero
■ Falso

3. ¿Cuál de las siguientes opciones no se refiere al derecho de acceso?

a. Permite al titular conocer si sus datos están siendo tratados y obtener información sobre ello.
b. Da derecho a recibir una copia de los datos personales tratados por el responsable.
c. Permite solicitar la eliminación inmediata de los datos personales almacenados.
d. Facilita la transparencia y el control del individuo sobre sus datos personales.

4. Relaciona:

a. Artículo 85
b. Artículo 90
c. Artículo 96
d. Artículo 83

— Se permite el uso de sistemas de geolocalización para control laboral, pero los trabajadores deben ser informados previamente sobre su uso y sus derechos.

— Familiares y herederos pueden acceder o gestionar los contenidos digitales de una persona fallecida, salvo que esta haya indicado lo contrario. Se regula el mantenimiento o eliminación de perfiles en redes sociales.

— La educación debe garantizar la integración digital, promoviendo el uso seguro y responsable de la tecnología. Se incluirá en los planes de estudio la formación en competencias digitales y riesgos en línea.

— Se garantiza la posibilidad de corregir información que afecte el honor o la intimidad de una persona en redes sociales y medios digitales, incluyendo avisos aclaratorios en archivos de noticias.

5. Determina si la siguiente oración es verdadera o falsa: "El artículo 88 de la LOPDGDD establece que el trabajador no puede desconectarse, aunque no esté en su jornada laboral".

■ Verdadero
■ Falso

6. ¿Qué artículo establece que los convenios colectivos pueden incluir garantías adicionales para la protección de los datos personales y derechos digitales de los trabajadores?

a. Artículo 96
b. Artículo 80
c. Artículo 89
d. Artículo 91

7. ¿Qué tipo de sanción puede implicar una compensación económica a las víctimas de una infracción de protección de datos?

a. Sanción administrativa
b. Sanción penal
c. Sanción disciplinaria
d. Sanción civil

8. ¿Cuál de las siguientes opciones no es una sanción penal en protección de datos?

    a. Multas penales adicionales a las sanciones administrativas.
    b. Multas económicas impuestas por organismos reguladores de protección de datos.
    c. Penas de prisión para los responsables en casos de dolo o negligencia grave.
    d. Sanciones aplicadas cuando se detecta una conducta criminal intencionada.

9. ¿Qué acción podría reducir la severidad de una sanción impuesta a una empresa por una infracción de protección de datos?

    a. Cooperar con las autoridades durante la investigación.
    b. No informar a los titulares de los datos sobre la brecha de seguridad.
    c. Borrar evidencias para evitar sanciones más graves.
    d. Ignorar los requerimientos de las autoridades de protección de datos.

10. ¿Cuál de los siguientes factores no influye en la determinación de la sanción por una infracción de protección de datos?

    a. La naturaleza de la infracción, incluyendo el tipo de datos comprometidos.
    b. La rapidez con la que la empresa responde para mitigar el impacto de la infracción.
    c. La cantidad de empleados que tiene la empresa infractora.
    d. El historial de cumplimiento de la organización.

Implementación de la RGPD en los pequeños negocios

Contenido

Objetivos

El objetivo general de esta Unidad de Aprendizaje es:

→ Identificar los riesgos asociados al tratamiento de datos personales a través de un análisis exhaustivo.

Los objetivos específicos de esta Unidad de Aprendizaje son:

→ Conocer la labor de un delegado de protección de datos en una empresa.

→ Llevar a cabo un análisis de riesgos mediante FODA.

→ Realizar una evaluación de impacto.

1. Introducción

La creciente digitalización de nuestra sociedad ha traído consigo una mayor atención y regulación sobre el manejo de datos personales. En este contexto, el Reglamento General de Protección de Datos (RGPD) de la Unión Europea y la Ley Orgánica de Protección de Datos Personales y Garantía de los Derechos Digitales en España se erige como un marco fundamental para garantizar la privacidad y la seguridad de la información personal. Aunque inicialmente puede parecer una normativa exclusivamente destinada a grandes instituciones, la realidad es que su implementación en pequeños negocios es igual de vital.

Comprender y aplicar adecuadamente el RGPD no solo protege a las empresas de posibles sanciones legales, sino que también fortalece la confianza de sus clientes en el manejo responsable de su información. En una era donde la fuga de datos puede llevar a pérdidas financieras significativas y a un daño irreversible de la reputación, el cumplimiento del RGPD se convierte en una ventaja competitiva esencial.

Un elemento central en la implementación de la RGPD y la LOPDGDD es el papel del delegado de protección de datos, encargado de supervisar el cumplimiento con el reglamento y de ser el enlace entre la empresa y las autoridades de protección de datos. Aunque no todas las pequeñas empresas están obligadas a designar un delegado de protección de datos, implementar una figura similar dentro de la organización puede ayudar genuinamente a alinear las prácticas de manejo de datos con los requerimientos legales.

Por otra parte, el análisis de riesgo es una herramienta esencial que permite entender y mitigar los posibles peligros asociados al tratamiento de datos personales. A través de este proceso, las pequeñas empresas pueden identificar los puntos débiles en sus sistemas de información y establecer medidas adecuadas para reducir la probabilidad de incidentes que puedan comprometer la seguridad de los datos.

Completando el proceso de implementación de la RGPD en pequeños negocios, la evaluación de impacto constituye un instrumento crítico para determinar las posibles afectaciones a la privacidad en contextos específicos de alto riesgo. Mediante la evaluación estructurada y detallada de las operaciones que se consideren más sensibles, se asegura que los datos personales sean tratados de forma justa.

En esta unidad volveremos a centrarnos en el caso de Valeria, que quiere informarse sobre el delegado de protección, los análisis de riesgo y la evaluación de impacto para su tienda *online* y de cara a futuro por si abre una tienda física.

2. Delegado de protección de datos

 HILO CONDUCTOR

Valeria ha asistido a un webinario sobre protección de datos en pequeñas empresas y ha escuchado hablar sobre el delegado de protección de datos. Va a informarse más en este tema para ver cómo contratar uno para su empresa *online*.

En la era digital, la protección de datos se ha convertido en una prioridad para empresas de todos los tamaños. La implementación del Reglamento General de Protección de Datos (RGPD) en Europa y la Ley Orgánica de Protección de Datos Personales y Garantía de los Derechos Digitales en España han traído consigo una responsabilidad significativa para los negocios, incluidas las pequeñas empresas, de proteger la privacidad de los datos personales que manejan. Dentro de este marco regulatorio, el **delegado de protección de datos** (DPD) juega un papel crucial. La función principal del DPD es actuar como intermediario entre la organización, las autoridades supervisoras de protección de datos y los interesados individuales cuyos datos están siendo procesados.

 DEFINICIÓN

Delegado de protección de datos
Es un profesional designado para asegurar que una organización cumpla con las leyes de protección de datos.

Las responsabilidades del delegado de protección de datos son diversas y de gran alcance. Así, podemos destacar las siguientes:

Asesoramiento
- Deben informar y asesorar al responsable del tratamiento de los datos, así como a los empleados que realicen el tratamiento, de sus obligaciones en virtud de las leyes de protección de datos. Esto incluye proporcionar orientación sobre las mejores prácticas en relación con la política de privacidad y el manejo de datos personales.

Supervisión
- Supervisar el cumplimiento del RGPD y la LOPDGDD, incluida la gestión de las actividades internas relacionadas con la protección de datos, como las auditorías y la educación en protección de datos. El DPD debe establecer procedimientos para garantizar la implementación correcta de las políticas de protección de datos, la realización de evaluaciones de impacto sobre la privacidad y la respuesta adecuada a las brechas de seguridad.

Intermediario
- El DPD también actúa como punto de contacto para las autoridades de supervisión y coordina las auditorías, investigaciones e inspecciones que puedan ser llevadas a cabo por estas autoridades. Además, son los encargados de fomentar una cultura de protección de datos dentro de la organización, promoviendo la comprensión de las leyes de privacidad entre todos los empleados.

Según el RGPD y la LOPDGDD, no todas las organizaciones están obligadas a nombrar a un DPD. La obligación existe principalmente para:

Autoridades y organismos públicos

Organizaciones en operaciones de procesamiento

Organizaciones con gran cantidad de datos

NOTA

Las pequeñas empresas no están obligadas a designar un delegado de protección de datos, aunque se recomienda para garantizar el cumplimiento de las normativas de protección de datos, gestionar mejor los riesgos de datos, y facilitar la transparencia y la confianza entre sus clientes.

Incluir un delegado de protección de datos en una pequeña empresa ofrece ventajas e inconvenientes:

⮞ **Ventajas**

- ⮞ Contar con un DPD ayuda a la empresa a cumplir con sus obligaciones establecidas en el RGPD y la LOPDGDD?, asegurando que se sigan correctamente las normativas de protección de datos.
- ⮞ Un DPD bien informado puede optimizar el manejo seguro de datos dentro de la empresa, estableciendo procesos más eficientes que reduzcan errores y mejoren la gestión de la información.
- ⮞ El DPD lleva un registro detallado de todas las actividades de procesamiento de datos, lo que permite que la empresa esté siempre lista para demostrar su cumplimiento ante auditorías o inspecciones.
- ⮞ Gracias a la correcta implementación de medidas de protección de datos, la empresa puede evitar sanciones económicas severas derivadas del incumplimiento de la normativa.
- ⮞ Mostrar un compromiso real con la protección de datos genera confianza en los clientes, quienes valoran cada vez más la privacidad y la seguridad de su información personal.
- ⮞ En un mercado donde la privacidad es una preocupación creciente, demostrar un alto nivel de protección de datos puede diferenciar a la empresa de sus competidores, dándole una ventaja comercial.

⮞ **Inconvenientes**

- ⮞ La contratación de un DPD implica un gasto extra, ya sea como empleado interno o mediante la externalización del servicio, lo que puede ser un desafío para pequeñas empresas con presupuestos limitados.
- ⮞ Implementar y mantener un sistema de protección de datos adecuado requiere una gestión constante de registros, auditorías y documentación, lo que puede aumentar la carga de trabajo en la empresa.

◑ Un DPD debe estar altamente capacitado en normativas como el RGPD y la LOPDGDD, lo que puede requerir inversiones en formación y actualización constante para cumplir con las regulaciones.

◑ Adaptar los procesos internos para cumplir con la protección de datos puede generar resistencia entre los empleados, especialmente si implica cambios en la forma en que manejan la información.

El DPD debe supervisar el cumplimiento normativo, lo que podría generar tensiones con otros departamentos si se percibe como una figura restrictiva o que dificulta ciertas operaciones comerciales.

Con carácter general, los requisitos para ser delegado de protección de datos deben ser:

◐ **Certificación:** aunque no es obligatoria, la certificación de delegado de protección de datos promovida por la Agencia Española de Protección de Datos (AEPD) y la Entidad Nacional de Acreditación (ENAC) garantiza que los profesionales cuentan con los conocimientos y aptitudes necesarios para ejercer sus funciones, aportando confianza a las organizaciones que los contratan.

◐ **Conocimientos jurídicos:** el DPD debe tener formación jurídica, preferiblemente en Derecho, además de habilidades técnicas para colaborar con los equipos encargados de los sistemas tecnológicos que gestionan los datos personales.

◐ **Experiencia profesional:** se requiere que el DPD tenga experiencia real en proyectos de protección de datos:

◑ 5 años de experiencia profesional.
◑ 3 años de experiencia + 60 h de formación reconocida.
◑ 2 años de experiencia + 100 h de formación reconocida.
◑ Sin experiencia serán necesarias 180 h de formación reconocida.

 **EJEMPLO**

Un pequeño negocio de comercio electrónico puede designar un DPD que revise regularmente las políticas de privacidad, asegurándose de que reflejen los cambios legislativos y de negocio. El DPD puede colaborar con el equipo de desarrollo web para implementar características que automaticen la obtención del consentimiento de los usuarios y la anonimización de los datos cuando sea necesario.

PARA SABER MÁS

La autoridad de control española ha promovido un modelo de certificación de delegado de protección de datos para que los interesados en ejercer dicha posición puedan acreditarse. Accede desde aquí.

https://redirectoronline.com/ctrg00120401

3. Análisis de riesgo

 HILO CONDUCTOR

En el reciente webinario, Valeria ha visto que una técnica empleada normalmente es realizar un análisis de riesgo con el objetivo de asegurar la protección de datos de sus clientes. Por ello, va a investigar cómo se realiza este tipo de análisis.

La implementación del Reglamento General de Protección de Datos (RGPD) y la LOPDGDD en un entorno empresarial, especialmente en pequeños negocios, requiere un enfoque metódico y detallado para asegurar la protección efectiva de los datos personales. Uno de los componentes cruciales de este proceso es el análisis de riesgo, que permite a las empresas identificar y mitigar potenciales amenazas a la seguridad de los datos.

 **DEFINICIÓN**

Análisis de riesgo

Proceso sistemático de identificar, evaluar y priorizar riesgos que podrían afectar la seguridad de los datos personales gestionados por una organización.

- -

Dentro del contexto del RGPD y la LOPDGDD, el análisis de riesgo es una herramienta fundamental para garantizar que se implementan medidas de protección adecuadas conforme a la sensibilidad de los datos y los derechos y libertades de las personas físicas. Una correcta evaluación ayuda a prevenir incidencias de seguridad, minimiza el impacto de brechas de datos, y contribuye al cumplimiento de las obligaciones legales bajo el RGPD y la LOPDGDD.

La realización de un análisis de riesgo efectivo implica seguir una serie de pasos estructurados y recurrir, si es necesario, a especialistas. Los siguientes pasos ofrecen una guía básica para los pequeños negocios:

- **Identificación de activos:** es necesario identificar qué activos dentro de la organización están relacionados con el tratamiento de datos personales. Estos activos pueden ser tanto tangibles, como servidores y dispositivos de almacenamiento, como intangibles, incluyendo bases de datos, aplicaciones y procedimientos operativos. Para cada activo, identifique la cantidad y la sensibilidad de los datos manejados.
- **Identificación de amenazas y vulnerabilidades:** una vez definidos los activos, el siguiente paso es identificar las posibles amenazas. Las amenazas pueden ser internas, como errores humanos o fallos técnicos, o externas, como virus, ataques cibernéticos o incluso desastres naturales. Paralelamente, deben conocerse las vulnerabilidades que podrían facilitar la materialización de estas amenazas, como *software* desactualizado, falta de capacitación del personal, o políticas de seguridad inadecuadas.
- **Evaluación del impacto y probabilidad:** cada riesgo debe evaluarse en términos de la probabilidad de que ocurra y el impacto potencial sobre la empresa y las personas afectadas. Esta evaluación cuantitativa o cualitativa puede utilizar una escala sencilla (bajo, medio, alto) o más compleja, dependiendo de los recursos y las necesidades del negocio.
- **Tratamiento del riesgo:** dependiendo de la evaluación, se deben desarrollar estrategias adecuadas para tratar cada riesgo identificado. Las estrategias pueden incluir la implementación de medidas de seguridad, la modificación de procesos operativos, la transferencia del riesgo a través

de seguros u otros métodos, o la aceptación de ciertos riesgos cuando se considere justificado.

- ⮞ **Documentación y aseguramiento del proceso:** es esencial que todo el proceso de análisis de riesgo esté documentado de manera clara y completa. Esta documentación no solo es fundamental para evidenciar el compromiso de la organización con la protección de datos, sino que también es un requisito del RGPD y la LOPDGDD. La documentación adecuada permite auditorías efectivas y facilita la revisión y actualización periódica del análisis de riesgo.

- ⮞ **Comunicación y formación:** el último paso en la realización de un análisis de riesgo efectivo es comunicar los resultados y las medidas adoptadas al personal relevante dentro de la organización. La formación continua en prácticas de seguridad de datos y la concienciación sobre los riesgos ayudan a asegurar que todos los empleados entiendan su papel en la protección de datos personales. Un personal bien informado es crucial para mantener la seguridad y la confiabilidad de todas las operaciones comerciales.

Aunque los recursos limitados pueden ser un desafío para los pequeños negocios, hay una serie de herramientas y recursos disponibles que pueden facilitar la realización de un análisis de riesgo efectivo sin incurrir en costes excesivos. Una técnica muy empleada es el análisis FODA:

Fortalezas	- Ventajas y puntos fuertes que tiene la empresa o el proyecto.
Oportunidades	- Factores del entorno que pueden representar ventajas o crecimiento.
Debilidades	- Aspectos que la empresa o el proyecto deben mejorar.
Amenazas	- Factores externos que pueden afectar negativamente la empresa o proyecto.

 **DEFINICIÓN**

Análisis FODA (DAFO, por sus siglas en inglés)
Herramienta estratégica utilizada para evaluar la situación de una empresa, proyecto o persona en un entorno determinado.

 EJEMPLO

En un entorno digital altamente competitivo, las tiendas *online* de ropa deben adaptarse rápidamente a las tendencias del mercado y a las nuevas demandas de los consumidores. A continuación, se presenta un análisis FODA detallado de los principales aspectos que influyen en una tienda *online* de ropa.

Fortalezas	Oportunidades
Disponibilidad 24/7	Crecimiento del comercio electrónico
Alcance global	Tendencias de moda rápida
Menores costes operativos	Expansión en redes sociales
Amplio catálogo	Colaboraciones con *influencers*
Debilidades	**Amenazas**
Falta de contacto físico con el producto	Fraude digital
Problemas logísticos	Devoluciones frecuentes
Dependencia tecnológica	Variabilidad en tendencias
Costes de *marketing* digital	Competencia de grandes plataformas

---

4. Evaluación de impacto

 HILO CONDUCTOR

Debido a no contar con recursos económicos, Valeria necesita mucho esfuerzo para cumplir la normativa en protección de datos. Por ello, va a realizar una

Continúa en página siguiente >>

<< Viene de página anterior

evaluación de impacto que le ayude a mitigar los riesgos relacionados con el tratamiento de datos en su empresa.

La **evaluación de impacto en la protección de datos** (EIPD) es un proceso crítico dentro de la implementación del Reglamento General de Protección de Datos y la LOPDGDD, especialmente para los pequeños negocios, que quizás no cuentan con recursos extensivos dedicados exclusivamente al cumplimiento normativo.

 DEFINICIÓN

EIPD

Se enfoca en identificar y mitigar riesgos relacionados con el tratamiento de datos personales para asegurar la protección de la privacidad desde el diseño de un servicio o producto y durante todo su ciclo de vida.

La EIPD debe incluir varios elementos clave:

Descripción del tratamiento de datos
- Debe ofrecer una comprensión clara del propósito del tratamiento, qué datos son recolectados, de quién, y cómo serán usados, almacenados y eliminados.

Evaluación de la necesidad y proporcionalidad
- Evaluar si los medios y métodos del tratamiento son necesarios y proporcionados a los fines del mismo. Esto significa considerar alternativas menos intrusivas.

Evaluación de riesgos para los derechos y libertades
- Identificar los riesgos potenciales para los derechos y libertades de los interesados, considerando no solo las consecuencias legales, sino también potenciales daños reputacionales y financieros.

Continúa en página siguiente >>

<< Viene de página anterior

> **Medidas para mitigar riesgos**
> - Proponer y detallar medidas técnicas y organizativas
> para mitigar los riesgos identificados. Esto puede
> incluir la implementación de cifrado, controles
> de acceso o procedimientos de anonimización y
> minimización de datos.

Para facilitar la ejecución de una EIPD en pequeños negocios, es útil estructurar el proceso en pasos claros:

- **Reunir información y establecer el contexto:** el primer paso es identificar y describir el propósito del tratamiento de datos, los tipos de datos personales que se recogerán, y el volumen de datos manejados. Aquí, el negocio debe definir claramente el objetivo del tratamiento, quiénes serán los interesados, y cómo se recogerá y difundirá la información. Este paso también debe incluir una revisión de los flujos de datos existentes y considerar cómo encajan dentro del contexto más amplio del negocio.

- **Consultar las partes interesadas:** antes de realizar cambios estructurales en la manera en que se gestionan los datos, es esencial consultar con las partes interesadas. Esto puede incluir empleados, clientes o colaboradores externos. Estas consultas no solo aportan valiosas percepciones sobre las expectativas y preocupaciones de las partes interesadas, sino que también son un mandato del RGPD y la LOPDGDD en ciertas circunstancias.

- **Evaluar la necesidad y la proporcionalidad:** este paso implica inspeccionar si el tratamiento de datos propuesto es necesario y proporcionado a los objetivos buscados. En otras palabras, ¿es posible lograr los mismos resultados con métodos menos invasivos? También se debe asegurar que hay procesos adecuados para la formación, el almacenamiento y la eliminación de datos.

- **Análisis de riesgos:** realizar un análisis exhaustivo para identificar todos los riesgos potenciales para la privacidad de los interesados. Este paso puede involucrar la ideación de escenarios hipotéticos de amenazas, como filtraciones de datos, accesos no autorizados o errores en el tratamiento de datos.

- **Implementar medidas mitigadoras:** tras identificar los riesgos, se deben implementar medidas para mitigarlos. Pueden ser de naturaleza técnica, como la encriptación de datos, u organizativas, como la capacitación de empleados en buenas prácticas de protección de datos. La documentación de estas medidas es vital para su efectividad y para demostrar cumplimiento.

⊃ **Evaluaciones continuas y actualizaciones:** la EIPD no es un proceso estático. Es fundamental llevar a cabo revisiones periódicas y actualizaciones, en respuesta a cambios en el contexto del negocio, la naturaleza de los datos tratados o nuevas amenazas emergentes.

 EJEMPLO

Una clínica de salud busca digitalizar la gestión de historias clínicas de sus pacientes. La clínica debe realizar una EIPD, comenzando por establecer claramente que el tratamiento de datos busca optimizar la gestión de historias clínicas para una mejor atención al paciente y eficiencia operativa:

- Descripción del tratamiento: datos sensibles de salud, antecedentes médicos y resultados de pruebas serán recopilados y almacenados digitalmente.
- Necesidad y proporcionalidad: el uso de un sistema digital es bastante proporcionado, ya que mejora el acceso a la información en casos de emergencia médica y facilita la continuidad del cuidado, mientras se reducen errores administrativos.
- Identificación de riesgos: filtración de datos médicos, acceso no autorizado, o borrado accidental de datos críticos.
- Medidas mitigadoras: implementar encriptación robusta, acceso limitado solo a personal autorizado, formación en ciberseguridad para el personal y sistemas de respaldo para mitigar pérdida de datos.

 ACTIVIDAD COMPLEMENTARIA

3. Una empresa de recursos humanos decide implementar un sistema automatizado para la gestión de solicitudes de empleo y el seguimiento de candidatos con el fin de mejorar la eficiencia en la selección de personal y garantizar un proceso más ágil y transparente. En base a esto, aporta cada elemento clave de una evaluación de impacto en la protección de datos. Elabora una EIPD completa.

TAREA 3

Valeria es clienta de un restaurante que lleva situado en el Polígono Industrial Las Quemadas más de 30 años. Además, es muy amiga del dueño. Valeria le ha comentado que últimamente han surgido negocios similares en la zona, por lo que le anima a realizar un análisis de riesgo. Ayúdala a realizar este análisis mediante el método FODA.

---

5. Resumen

En la era digital, la protección de datos es esencial para las empresas. Con el RGPD en Europa y la LOPDGDD en España, las organizaciones, incluidas las pequeñas, deben garantizar la privacidad de los datos personales. El delegado de protección de datos (DPD) es clave, actuando como intermediario entre la empresa, las autoridades de protección de datos y los titulares de los datos. Las responsabilidades del delegado de protección de datos son:

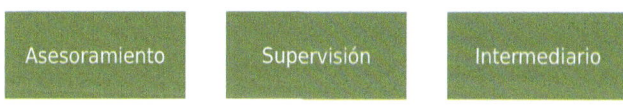

Según el RGPD y la LOPDGDD, no todas las organizaciones están obligadas a nombrar un DPD. La obligación existe principalmente para:

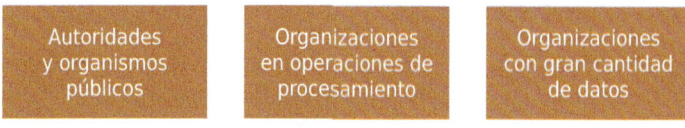

Con carácter general, los requisitos para ser delegado de protección de datos deben ser:

[75]

La implementación del RGPD y la LOPDGDD en las empresas, especialmente en los pequeños negocios, requiere un enfoque detallado para proteger los datos personales. El análisis de riesgo es fundamental para identificar y mitigar amenazas, garantizar medidas de seguridad adecuadas y cumplir con las obligaciones legales, evitando incidencias y minimizando el impacto de brechas de datos. La realización de un análisis de riesgo efectivo implica seguir una serie de pasos estructurados:

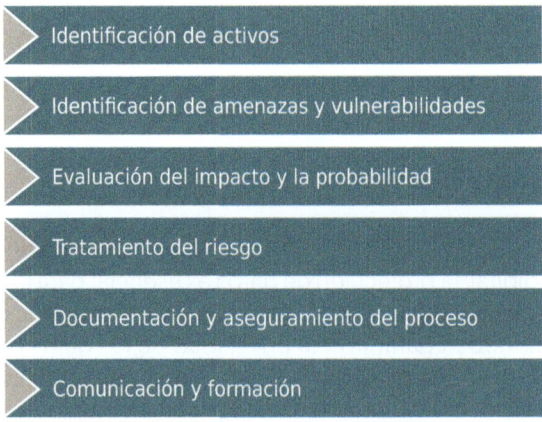

Aunque los recursos limitados pueden ser un desafío para los pequeños negocios, hay una serie de herramientas y recursos disponibles que pueden facilitar la realización de un análisis de riesgo efectivo sin incurrir en costes excesivos. Una técnica muy empleada es el análisis FODA:

La evaluación de impacto en la protección de datos (EIPD) es un proceso crítico dentro de la implementación del Reglamento General de Protección de Datos (RGPD) y la Ley de Protección de Datos y garantías de los derechos digitales (LOPDGDD), especialmente para los pequeños negocios, que quizás no cuentan con recursos extensivos dedicados exclusivamente al cumplimiento normativo. La EIPD debe incluir varios elementos clave:

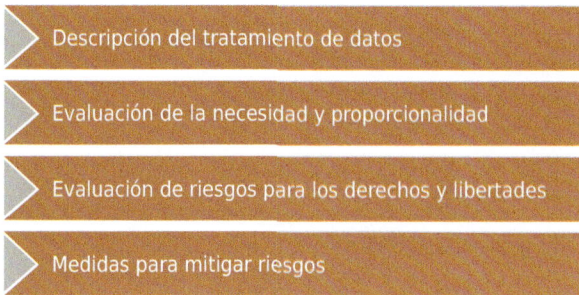

Para facilitar la ejecución de una EIPD en pequeños negocios, es útil estructurar el proceso en pasos claros:

Ejercicios de autoevaluación
Unidad de Aprendizaje 4

1. ¿Qué es un delegado de protección de datos?

    a. Es un asesor externo que solo interviene en caso de una brecha de seguridad.

    b. Es un empleado responsable de supervisar las actividades de *marketing* digital.

    c. Es un profesional designado para asegurar que una organización cumpla con las leyes de protección de datos.

    d. Es el encargado de gestionar únicamente las bases de datos comerciales de la empresa.

2. ¿Cuáles son las principales funciones del delegado de protección de datos según el RGPD y la LOPDGDD?

    a. Gestionar las campañas de *marketing* y las estrategias comerciales de la organización.

    b. Controlar el acceso físico a las instalaciones de la empresa y garantizar la seguridad informática.

    c. Elaborar informes financieros y supervisar el cumplimiento fiscal de la organización.

    d. Informar y asesorar, supervisar el cumplimiento del RGPD y actuar como intermediario con las autoridades de supervisión.

3. Clasifica las siguientes afirmaciones en ventajas y desventajas:

    a. Un DPD debe estar altamente capacitado en normativas como el RGPD y la LOPDGDD, lo que puede requerir inversiones en formación y actualización constante para cumplir con las regulaciones.

    b. Adaptar los procesos internos para cumplir con la protección de datos puede generar resistencia entre los empleados, especialmente si implica cambios en la forma en que manejan la información.

    c. Un DPD bien informado puede optimizar el manejo seguro de datos dentro de la empresa, estableciendo procesos más eficientes que reduzcan errores y mejoren la gestión de la información.

d. Implementar y mantener un sistema de protección de datos adecuado requiere una gestión constante de registros, auditorías y documentación, lo que puede aumentar la carga de trabajo en la empresa.

e. El DPD lleva un registro detallado de todas las actividades de procesamiento de datos, lo que permite que la empresa esté siempre lista para demostrar su cumplimiento ante auditorías o inspecciones.

f. Gracias a la correcta implementación de medidas de protección de datos, la empresa puede evitar sanciones económicas severas derivadas del incumplimiento de la normativa.

4. ¿Qué formación se recomienda que tenga el delegado de protección de datos?

a. Formación jurídica, preferiblemente en Derecho, y habilidades técnicas

b. Formación exclusiva en informática

c. Experiencia en *marketing* digital

d. Formación en administración de empresas

5. ¿Cuál de las siguientes opciones cumple con los requisitos de experiencia para un DPD?

a. 1 año de experiencia sin formación adicional.

b. 3 años de experiencia + 60 h de formación reconocida.

c. 2 años de experiencia sin formación adicional.

d. 6 meses de experiencia + 20 h de formación reconocida.

6. ¿Qué activos deben identificarse en el análisis de riesgo de protección de datos?

a. Exclusivamente las bases de datos digitales.

b. Únicamente los documentos en formato físico.

c. Tangibles e intangibles relacionados con el tratamiento de datos personales.

d. Solo los dispositivos físicos como servidores y ordenadores.

7. ¿Cómo se debe evaluar cada riesgo identificado?

    a. Según la probabilidad de que ocurra y el impacto potencial.
    b. Únicamente por el impacto financiero que pueda causar.
    c. Basándose solo en experiencias previas de la empresa.
    d. Evaluando la dificultad de implementar soluciones.

8. Relaciona cada concepto con su definición.

    a. Fortalezas
    b. Oportunidades
    c. Debilidades
    d. Amenazas

    __ Factores externos que pueden afectar negativamente la empresa o proyecto.
    __ Ventajas y puntos fuertes que tiene la empresa o el proyecto.
    __ Factores del entorno que pueden representar ventajas o crecimiento.
    __ Aspectos que la empresa o el proyecto deben mejorar.

9. ¿Qué tipo de medidas pueden implementarse para mitigar los riesgos de privacidad?

    a. Implementar medidas técnicas como la encriptación y organizativas como la capacitación del personal.
    b. Contratar a un experto externo en protección de datos.
    c. Limitar el acceso a los datos a los directivos de la empresa.
    d. Eliminar todos los registros de datos personales.

10. ¿Cuál es el objetivo de la evaluación de la necesidad y proporcionalidad?

    a. Comprobar que el tratamiento de datos cumple con los objetivos comerciales.
    b. Evaluar si los empleados conocen las políticas internas de la empresa.
    c. Validar que los datos personales no caducan.
    d. Determinar si el tratamiento de datos es necesario y si existen alternativas menos intrusivas.

Glosario

Activos
Recursos físicos, digitales o humanos que tienen valor para una organización, como bases de datos, infraestructura tecnológica o información confidencial.

Artículo
Unidad o apartado dentro de un reglamento, ley o norma que contiene disposiciones concretas y detalladas.

Autónomo
Persona física que realiza una actividad económica de forma independiente, asumiendo riesgos y responsabilidades, sin estar bajo un contrato laboral.

Brecha de seguridad
Incidente que provoca la pérdida, robo, acceso no autorizado o divulgación de datos personales, poniendo en riesgo su confidencialidad, integridad o disponibilidad.

Certificación
Proceso mediante el cual una entidad independiente verifica y acredita el cumplimiento de estándares legales o técnicos, como los relacionados con la protección de datos.

Cifrado
Técnica de codificación de la información que transforma los datos en un formato ilegible para personas no autorizadas, garantizando la confidencialidad.

Consentimiento
Autorización libre, informada, específica e inequívoca que una persona otorga para permitir el tratamiento de sus datos personales.

Contraseñas
Claves o códigos que permiten el acceso seguro a sistemas digitales, bases de datos u otras plataformas protegidas.

Copia de seguridad
Duplicado de los datos almacenados para recuperarlos en caso de pérdida, fallo técnico o ataque cibernético.

Derechos digitales
Conjunto de derechos que garantizan la protección y libertades de las personas en el entorno digital.

Entorno digital
Espacio virtual donde se realizan interacciones, procesos y actividades mediante dispositivos electrónicos y plataformas *online*.

Evaluación de riesgos
Proceso de identificación, análisis y valoración de los posibles peligros que pueden afectar a la seguridad de los datos personales, con el fin de mitigarlos.

Normativa
Conjunto de leyes, reglamentos y disposiciones que regulan un área específica, como la protección de datos.

Organización privada
Entidad perteneciente al sector privado, cuya finalidad principal puede ser el lucro (empresas) o no (ONG), y no depende directamente del Estado.

Organización pública
Entidad perteneciente al sector público (gobiernos, administraciones o instituciones) que presta servicios de interés general y gestiona recursos públicos.

Política de privacidad
Documento que explica cómo una organización recoge, utiliza, almacena y protege los datos personales de los usuarios o clientes.

Protección de datos personales
Conjunto de normas y procedimientos que garantizan el tratamiento adecuado, seguro y legal de la información personal de individuos, protegiendo su privacidad y sus derechos.

Protección de menores
Conjunto de normas y medidas destinadas a salvaguardar la privacidad, la seguridad y el bienestar de los menores, especialmente en el entorno digital.

Pymes
Pequeñas y medianas empresas que, según su tamaño, facturación y número de empleados, tienen características específicas.

Reglamento
Norma jurídica de obligatorio cumplimiento que desarrolla o complementa una ley y regula procedimientos específicos en distintos ámbitos.

Riesgo
Posibilidad de que ocurra un incidente que afecte negativamente la seguridad de los datos personales, como el acceso no autorizado o la pérdida de información.

Sanción
Pena o multa impuesta por las autoridades a quienes incumplen las normas o reglamentos de protección de datos personales.

Tratamiento de datos
Cualquier operación realizada sobre datos personales, como su recopilación, almacenamiento, modificación, uso, comunicación o eliminación.

Bibliografía

Monografías

→ DAVARA Rodríguez, M. A.: *El Reglamento Europeo de Protección de Datos y la LOPDGDD: todo lo que necesitas saber.* Madrid: Wolters Kluwer, 2020.

   Libro que asesora eficazmente a empresas y particulares sobre el marco normativo vigente en materia de privacidad.

→ DURÁN Cardo, B.: *El delegado de protección de datos en el RGPD y la nueva LOPDGDD.* Madrid: Wolters Kluwer, 2019.

   Este libro ayuda a comprender la función del delegado de protección de datos dentro de una empresa según el RGPD y la LOPDGDD.

→ PÉREZ Rodríguez, M. D.: *Nuevo Reglamento Europeo de Protección de Datos (RGPD).* Málaga: ICB Editores, 2018.

   Libro que tiene por objetivo conocer las principales novedades del RGPD, así como analizar las acciones que deben tomar las empresas para adaptarse a este nuevo reglamento.

→ PÉREZ Rodríguez, M. D.: *Ley de Protección de Datos Personales y Garantía de los Derechos Digitales.* Málaga: ICB Editores, 2019.

   Libro que tiene por objetivo conocer las principales novedades de la adaptación del RGPD a la normativa española LOPDGDD.

Legislación

→ Reglamento (UE) 2016/679 del Parlamento Europeo y del Consejo, de 27 de abril de 2016, relativo a la protección de las personas físicas en lo que respecta al tratamiento de datos personales y a la libre circulación de estos datos y por el que se deroga la Directiva 95/46/CE (Reglamento General de Protección de Datos).

   Normativa de la Unión Europea que entró en vigor en 2016 y que es de aplicación obligatoria desde mayo de 2018. Establece un marco legal unificado para todos los Estados miembros en relación con el tratamiento y protección de datos personales.

→ Ley Orgánica 3/2018, de 5 de diciembre, de Protección de Datos Personales y garantía de los derechos digitales.

Normativa española aprobada en 2018 que adapta el Reglamento General de Protección de Datos (RGPD) al ordenamiento jurídico nacional. Esta ley regula el tratamiento de los datos personales y garantiza los derechos digitales de los ciudadanos.

Textos electrónicos

→ Autoridad de Control Española: modelo de certificación de un delegado de protección de datos, de:
<https://protecciondatos-lopd.com/empresas/wp-content/uploads/2019/07/esquema-aepd-dpd.pdf>.

Modelo de acreditación establecido por la Autoridad de Control Española para que un delegado de protección de datos pueda acreditarse y ejercer su profesión.